GENEALOGICA

OU LIVRE DE VIE

De la Famille

Marcailhou-d'Aymeric

Originaire d'Ax-les-Thermes (Ariège)

PAR

Le Docteur Alph. MARCAILHOU-D'AYMERIC FILS

(DE TOULOUSE)

1907

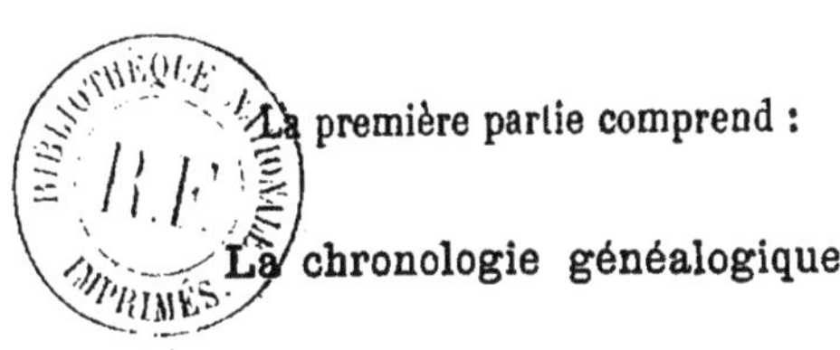

La première partie comprend :

La chronologie généalogique.

La deuxième partie :

Le supplément au Livre d'or, descendance d'Auguste Marcailhou-d'Aymeric ou les VIe, VIIe et VIIIe générations.

La troisième partie :

Quelques-uns de mes voyages Bône, (Algérie) et le Quercy.

La quatrième partie :

Le tableau généalogique de la famille du XVIIe siècle à nos jours (1906).

Chronologie Généalogique

De la Famille

Marcailhou-d'Aymeric

D'Ax-les-Thermes (Ariège)

Dressée

Par le Docteur Alph. MARCAILHOU-D'AYMERIC

I

Chronologie Généalogique

De la Famille

Marcailhou-d'Aymeric

D'Ax-les-Thermes (Ariège).

XVIIe SIÈCLE

1676. NAISSANCE de PIERRE MARCAILHOU, au château d'Urs. Son père était originaire du château de Lordat. Lordat et son haut château historique a été le berceau de notre famille. PIERRE MARCAILHOU, notre 5e aïeul (pentaïeul) (1) est le grand chef de toute la famille Marcailhou (d'Ax) (2). Il reste encore à Lordat de nombreuses familles portant le nom de Marcailhou (3).

1680. NAISSANCE (approximative) de FRANÇOISE DE PRÉTIANE, à Ax.

1698. MARIAGE de PIERRE, à 22 ans avec FRANÇOISE DE PRÉTIANE. Françoise était la dernière fille et le dernier enfant de la vieille famille axéenne des PRÉTIANE qui ont compté de nombreux consuls dans leur sein. Les PRÉTIANE donc se perdent, s'éteignent en PIERRE MARCAILHOU.

(1) Pentaïeul de Penta, mot grec qui signifie cinq.

(2) La famille Marcailhou-d'Aymeric est arrivée à la *huitième* génération avec nos propres enfants. Nous constituons la *septième*, Pierre I est le chef de la *première* génération.

(3) Dans le Lordadais, curieux pays *étagé*, il existe trois lignes d'étages de village. Au bas, sur le l'Ariège, Luzenac. Au premier étage, les villages de Vernaux et de Garanou.

Au deuxième, le village et le fier château en ruines de Lordat.

Au troisième, les villages d'Axiat, bâti au pied du pic de Saint-Barthélemy, d'Appi, de Caychax, de Senconac.

De nombreux homonymes (Marcaillou) habitent encore ces derniers villages du plus élevé des étages de la montagne. Les maires actuels de Lordat et d'Axiat portent le nom de Marcaillou.

XVIIIe SIÈCLE

1700. NAISSANCE de Paule de MARCAILHOU, première fille de Pierre I et de Françoise de PRÉTIANE.

1708. NAISSANCE de Jean-Pierre I, deuxième enfant de Pierre (plus tard chef de la branche MARCAILHOU Ainé).

1710. NAISSANCE de Jean-Antoine I, troisième enfant. Ce Jean-Antoine I va devenir le chef de la branche MARCAILHOU-D'AYMERIC, par son mariage. Chef de la deuxième génération.

1715. NAISSANCE de Jean d'AYMERIC, père jésuite du collège de Toulouse (aujourd'hui lycée), frère de Suzanne d'Ayméric.

1716. NAISSANCE de Jean-François I, quatrième et dernier enfant de Pierre I. Il restera célibataire.

1717. NAISSANCE de Suzanne d'AYMERIC.

1717. *Mort* de la mère de Suzanne, Marie de SERDA, âgée de 24 ans, mère de 2 enfants (Jean et Suzanne). Sa sœur Suzanne de SERDA ne mourra qu'en 1807, âgée de 80 ans.

1730. Mariage de Paule avec BONNEL de PRADAL.

1733. *Mort* de Pierre, à Ax, à 57 ans.

1735. Mariage de Jean-Pierre I, chef de la branche aînée ou des MARCAILHOU-FERRIOL avec Guillemette FERRIOL.

1736. Mariage de Jean-Antoine II, frère cadet du précédent, avec Suzanne d'AYMERIC, dernier enfant de la famille d'AYMERIC, qui s'épuise en Jean-Antoine I. Jean-Antoine a 26 ans, Suzanne 19.

1736. NAISSANCE de Jean-Antoine II, premier enfant de Jean-Antoine I et de Suzanne d'AYMERIC, l'aîné de sept enfants. Chef de la troisième génération.

1737 (2) (11 avril). *Mort* de Françoise de PRÉTIANE, femme de Pierre MARCAILHOU. Elle meurt à Ax quatre ans après son mari. D'elle est née toute la famille.

1737. NAISSANCE de Jean-Pierre II, deuxième enfant de Jean-Antoine I et de Suzanne d'AYMERIC, mort en bas âge.

1737. NAISSANCE de Marie-Thérèse SAINT-ANDRÉ du CADET, de Tarascon, future épouse d'Augustin MARCAILHOU-D'AYMERIC. Chef de la quatrième génération.

1738. NAISSANCE de Dom-Guillaume MARCAILHOU-D'AYMERIC, troisième enfant de Jean-Antoine I et de Suzanne. Il sera plus tard cistercien, prieur de Calers, profès de grand Selve et mourra exilé en Espagne.

1739. NAISSANCE de Jean-François II, quatrième enfant.

1740. — de Dorothée, cinquième enfant.

1741. — de Suzanne, sixième enfant.

1746. — de Marie-Anne, septième et dernier enfant,

(1) A remarquer que ce prénom de Jean va devenir en quelque sorte le prénom *patronymique* des ancêtres des deuxième et troisième générations : 1° les Jean-Pierre I et II : 2° les Jean-François I et II ; 3° les Jean-Antoine I et II.

(2) Impressionnante année 1737 qui commence par une *tombe* celle de la première femme des MARCAILHOU (première génération) : Françoise de PRÉTIANE et se termine par un *berceau* : celui de la troisième femme des MARCAILHOU-D'AYMERIC (troisième génération) Marie-Thérèse SAINT-ANDR , du CADET, épouse future de Jean-Antoine II.

1747. *Mort* de Suzanne MARCAILHOU-D'AYMERIC à 30 ans, mère de sept enfants, après onze ans de mariage (1736-1747).

1757. *Mort* de Jean-Antoine I, contrôleur royal des finances, mari de Suzanne, décédé à Ax, à 45 ans.

1758. *Mort* de Paule de MARCAILHOU, épouse de PRADAL.

1759. NAISSANCE de Marie X, épouse Jean RIVIÈRE, grand'mère, de ma grand'mère, ma trisaïeule. Elle deviendra CENTENAIRE et mère de nombreux enfants (onze).

1763. Mariage de Dorothée, avec MARTIN dont elle aura huit enfants.

1763. *Mort* de Jean-François I, son oncle, fils de Pierre.

1766. Mariage de Jean-Antoine II avec Marie-Thérèse SAINT-ANDRÉ du CADET, de Tarascon (Ariège).

1767. NAISSANCE d'Augustin, premier enfant de Jean-Antoine II et de Marie-Thérèse, chef de la IVe génération.

1768. NAISSANCE de Dorothée II (morte en bas âge), deuxième enfant.

1770. *Mort* de Jean-Pierre I, chef de la branche aînée, âgé de 62 ans.

1770. NAISSANCE de Venant, dit le chevalier Méric, troisième enfant.

1771. — de Joseph (mort très jeune), quatrième enfant.

1773. — de Julie, cinquième enfant.

1774. — d'Aimé I, sixième enfant.

1777. — de Tiburce, septième enfant.

1779. — de Thérèse II, huitième enfant.

1782. — de Rose ASTRIÉ du CASTELET, future femme d'Augustin MARCAILHOU-D'AYMERIC.

1783. NAISSANCE d'Étienne, neuvième et dernier enfant de Jean-Antoine II MARCAILHOU-D'AYMERIC et de Marie-Thérèse SAINT-ANDRÉ. (Nous n'avons pas de renseignements sur cet enfant Étienne. Que devint-il? Mourut-il en bas âge, devint-il chef de famille ? Mystère. Il n'émigra pas en 1789, car il n'était âgé à cette époque que de cinq ans.)

1784. *Mort* de Jean-Étienne d'AYMERIC, père jésuite, frère aîné de Suzanne d'AYMERIC. Il mourut à Ax, à la maison paternelle, à l'âge de 69 ans. Ce fut lui qui enseigna à Augustin, son petit neveu, les rudiments de la langue latine.

1786. *Mort* de Guilhemette FERRIOL, épouse de Jean-Pierre I MARCAILHOU, chef de la branche aînée. Elle décéda à 70 ans.

1789. *Mort* de Jean-Antoine II, à Ax, à 52 ans, frappé d'une attaque d'apoplexie sur le Couloubret.

1790. NAISSANCE de Minine (Jeanne-Marie RIVIÈRE, fille de Jean et de Marie RIVIÈRE). Elle deviendra presque CENTENAIRE et mourra à 96 ans, à Ax. (J'assiste à sa mort) en 1885.

1793. *Mort* d'Aimé I, tué à 19 ans dans la guerre d'Espagne. C'était le frère d'Augustin.

1797. NAISSANCE de François RIVIÈRE (plus tard *curé de Rabat*. Il mourut de *pneumonie* à 93 ans, à Rabat, où il fut curé près de 70 ans.

1798. NAISSANCE de JOSEPH RIVIÈRE, plus tard *curé d'Orlu*, mort à 95 ans, à Ax ; frère du précédent et de Minine, fils de MARIE RIVIÈRE, qui deviendra centenaire, mère de onze enfants (1).

XIXe SIÈCLE.

1801. NAISSANCE de mon grand-père *maternel* BAPTISTE PIQUEPÉ, à Montesquieu-sur-le-Canal (Haute-Garonne).

1804. MARIAGE d'AUGUSTIN, mon arrière grand-père (paternel) (ou mon bis-aïeul), fils aîné de JEAN-ANTOINE II, avec ROSE ASTRIÉ DU CASTELET, fille aîné du fameux PIERRE ASTRIÉ DU CASTELET, *père de vingt-neuf enfants*, dont quatorze survécurent longtemps et devinrent pour la plupart des chefs de famille. Mon arrière grand'mère ROSE était la sœur de mon arrière grand'tante BARONNE SARRUT, de Toulouse, avant-dernière fille de PIERRE ASTRIÉ DU CASTELET, décédée à Toulouse, en 1902, à 93 ans, née vingt-sept ans après sa sœur aînée ROSE ASTRIÉ DU CASTELET, épouse AUGUSTIN MARCAILHOU-D'AYMERIC, (2) décédée en 1818, à l'âge de 36 ans. Au mariage Augustin a 37 ans, Rose, 22.

1805. 1° *Mort* à Ax, dans la maison paternelle de SUZANNE II, fille de JEAN-ANTOINE I et de SUZANNE I D'AYMERIC, grand'tante d'AUGUSTIN, sœur CLARISSE, d'Auterive, décédée à l'âge de 64 ans.

1805. 2° *Mort* approximative de son frère, émigré en Espagne : DOM-GUILLAUME, grand prieur cistercien, décédé à 67 ans.

1805. 3° *Mort* de JULIE, sœur d'AUGUSTIN, à Ax, à 32 ans.

1805. NAISSANCE d'AUGUSTE, premier enfant d'AUGUSTIN, mon grand-père paternel, chef de la Ve génération.

1806. NAISSANCE de mon oncle GATIEN, deuxième enfant d'AUGUSTIN et de ROSE.

1803. *Mort* de SUZANNE DE SERDA, sœur de MARIE DE SERDA, mère de SUZANNE D'AYMERIC. Marie était morte à 24 ans, Suzanne de Serda, sa sœur, meurt à 80 ans ; grand'tante d'AUGUSTIN.

1809. 1° NAISSANCE de la BARONNE SARRUT, née ASTRIÉ DU CASTELET, le vingt-huitième des vingt-neuf enfants.

1809. 2° NAISSANCE de ZÉNOBIE I, troisième enfant (qui épousa ALEXANDRE DURAN).

1811. NAISSANCE d'HIPPOLYTE I, quatrième enfant, qui devint prêtre.

1814. — de JOSÈPHE (qui épousa BONNANS, des Cabannes), cinquième enfant.

(1) Puissant exemple de *longévité* que celui de cette famille Rivière.
La mère meurt à 100 ans.
Sur ses *11 enfants* :
1° La fille aînée, MININE, meurt à 95 ans ; 2° Le curé de Rabat, meurt à 93 ans ; 3° Le curé d'Orlu, meurt à 95 ans. A l'âge de 90 ans, on pouvait voir ce robuste curé d'Orlu se rendre à cheval, en hiver, au milieu des neiges, d'Orlu à Ax ; 4° Le curé de Bénac (un neveu) âgé aujourd'hui de près de 90 ans.

(2) Mon arrière grand'tante BARONNE SARRUT, sœur de mon arrière grand'mère ROSE ASTRIÉ DU CASTELET, *épouse* AUGUSTIN MARCAILHOU-D'AYMERIC, naquit 27 ans après sa sœur aînée. A la mort de sa sœur ROSE, elle avait 9 ans. Elle lui survécut de 84 ans.

1816 1° NAISSANCE de Georgette (qui épousera Paul ROUZEAUD, négociant d'Ax, sixième enfant.

1816. 2° NAISSANCE de Céline RIVIÈRE, ma grand'mère, qui épousera Auguste MARCAILHOU-D'AYMERIC.

1818 (mars) 1° NAISSANCE et *Mort* de Claire, fille d'Auguste (sixième et dernier enfant d'Augustin et de Rose.)

1818 (mars, même jour). 2° *Mort* de ma trisaïeule Marie-Thérèse SAINT-ANDRÉ du CADET, veuve de Jean-Antoine II, à Ax, dans la maison paternelle, à *81 ans,* mère de neuf enfants, dont l'aîné Augustin.

1818 (septembre). 3° *Mort,* à 36 ans, de Rose ASTRIÉ du CASTELET, fille aînée de Pierre ASTRIÉ, l'aînée des vingt-neuf enfants ; femme d'Augustin ; sœur de la baronne SARRUT, décédée en 1902 à Toulouse, âgée de 93 ans. Rose mourut à Ax (d'une maladie de cœur). Insuffisance mitrale probablement.

1826. *Mort,* à 80 ans, de sa tante Marie-Anne MARCAILHOU-D'AYMERIC, sœur Clarisse, puis bénédictine à Toulouse ; dernière fille de Suzanne d'AYMERIC et de Jean-Antoine I. Elle était de la troisième génération.

1830. Mariage de Zénobie I avec Alexandre DURAN, instituteur, puis juge de paix, à Ax. Elle aura neuf enfants.

1833. 1° Mariage de Josèphe, sœur de Zénobie, toutes deux filles d'Augustin et mes grand'tantes, avec Pierre BONNANS, des Cabannes. Elle lui donnera dix enfants, dont six garçons. Son père, Augustin, mourra chez elle, en 1848.

1833. 2° *Mort* de Venant, dit le chevalier MÉRIC, à Ax, à 63 ans, ex-capitaine de la garde d'honneur de Charles X, décoré de la croix de Saint-Louis.

1834. 2° *Mort* de Tiburce, son frère, à *Séville,* à 57 ans, célibataire. Il habita longtemps le Mexique (Véra-Cruz) et Cuba (la Havane).

1834 (janvier). 1° Mariage d'Auguste, mon grand-père, fils d'Augustin, avec Céline RIVIÈRE, âgée de 17 ans, fille de Denis RIVIÈRE, *chevalier de la Légion d'honneur,* petite-fille de Jean RIVIÈRE, maire d'Ax, acquéreur des biens du clergé en 1793, mari de la centenaire Marie RIVIÈRE, morte en 1859. Auguste était âgé de 28 ans.

1834 (18 décembre). 3° NAISSANCE de mon père Alphonse I, premier enfant d'Auguste et de Céline. Chef de la sixième génération. Il vient de décéder cette année même (1906) à l'âge de 71 ans 1/2, à Alexandrie (Egypte).

1836. Naissance de ma mère Amélie PIQUEPÉ, du château de Roquettes, près Montesquieu-sur-Canal (Haute-Garonne). Aujourd'hui 70 ans,

1837. NAISSANCE de ma tante Zénobie II, actuellement supérieure des Filles de la Charité de l'Hôtel-Dieu Saint-André, de Bordeaux. Aujourd'hui 69 ans.

1838. 1° Mariage de Georgette, fille d'Augustin et de Rose, sixième enfant, miraculée de Notre-Dame de Sabart, avec Paul ROUZAUD, négociant à Ax. Elle lui donnera trois filles, dont une qui mourra très jeune, et deux qui survivent encore : 1° HORTENSE, qui a épousé JEAN-YVES ASTRIÉ D'OREILLE, d'Ax, actuellement à Béziers ; 2° LÉONTINE, mariée en deuxième noce avec BAUDRU dont elle a un fils actuellement adjudant à Montpellier ACHILLE BAUDRU.

1839. 1° NAISSANCE d'HORTENSE ROUZAUD, aujourd'hui épouse JEAN D'OREILLE.

1839. 2° NAISSANCE de mon oncle, l'abbé ALEXANDRE, troisième enfant d'AUGUSTE.

1842. NAISSANCE de mon oncle le docteur CLÉMENT MARCAILHOU-D'AYMERIC (de Blidah), quatrième enfant d'AUGUSTE. (Aujourd'hui 65 ans.)

1845. NAISSANCE de GEORGES, cinquième enfant. (A vécu 1 jour).

1846. *Mort* du grand médecin d'Ax et de Toulouse, GASPARD ASTRIÉ, beau-frère d'AUGUSTIN MARCAILHOU, frère de mon arrière grand'tante, baronne SARRUT, décédée en 1903, à 93 ans, à Toulouse. GASPARD meurt à 47 ans, à Toulouse. C'est le père : 1° de GASPARD ASTRIÉ fils, médecin distingué, de Carcassonne, qui mourut jeune, et 2° de mon oncle, ASTRIÉ-ROLLAND, ex-bâtonnier de l'Ordre des avocats de Toulouse, mort vers 1895.

1848 (janvier). *Mort* de mon arrière grand-père AUGUSTIN, aux Cabannes, à 80 ans, chez sa fille JOSÈPHE BONNANS (27 janvier). On conduisit son cercueil des Cabannes à Ax, au milieu d'une neige abondante.

1848. NAISSANCE de LOUISE URBAIN, femme de mon oncle CLÉMENT, à Blidah.

1852. *Mort* de GEORGETTE, à 36 ans. (La mère ROSE-MARIE mourut au même âge.)

1855. 1° *Mort* d'HIPPOLYTE I, ex-vicaire de Mirepoix, aumônier de l'école normale de Foix, à 44 ans, du choléra.

1855. 2° NAISSANCE d'HIPPOLYTE II, actuellement pharmacien à Ax, âgé près de 51 ans.

1855. 3° *Mort* du compositeur GATIEN MARCAILHOU D'AYMERIC, à Paris, le jour de Noël 1855, rue Jacob. Il sera inhumé à Montparnasse. Il est l'auteur des valses célèbres de l'*Indiana,* du *Torrent,* des *Mignonnettes*, etc. Docteur en médecine.

1859. *Mort* de la centenaire MARIE-RIVIÈRE (1), grand'mère de ma grand'-mère paternelle CÉLINE. Elle était femme de JEAN RIVIÈRE, maire d'Ax, mère de DENIS, de MININE, des curés d'Orlu, de Rabat, d'ÉLÉONORE, etc. (Née en 1759, morte en 1859.)

1869. MARIAGE d'ALPHONSE I, mon père, avec AMÉLIE PIQUEPÉ, du château de Roquettes. Alphonse, 27 ans ; Amélie, 25.

1863. NAISSANCE de ma sœur aînée ANDRÉE (âgée actuellement de 43 ans) Fille d'ALPHONSE I.

(1) A 100 ans elle réunit, en un patriarcal banquet familial, ses 150 enfants, petits-enfants, arrière petits-enfants et prononça les mots fameux : « *Es toutis mibis* ».

1865. NAISSANCE de mon frère aîné GASTON, deuxième enfant

1869. NAISSANCE de mon frère cadet ALEXANDRE II, troisième enfant (actuellement âgé de 36 ans).

1869. *Mort* de ma grand'tante ROSALIE RIVIÈRE, sœur de ma grand'mère CÉLINE, à Paris, supérieure de l'hôpital Sainte-Eugénie (actuellement TROUSSEAU). Inhumée à Montparnasse, à côté de GATIEN.

1870. MARIAGE de CLÉMENT avec LOUISE URBAIN, à Blidah. (Clément, 27 ans; Louise, 22 ans).

1871 (28 janvier). NAISSANCE de MARIE-LOUISE, premier enfant de CLÉMENT.

1871 (25 juin). NAISSANCE d'HENRIETTE D'AUDIBERT DE LUSSAN, plus tard femme d'HIPPOLYTE II.

1872. 1° *Mort* de mon grand-père maternel BAPTISTE PIQUEPÉ (d'une pneumonie), à Pourquéry, près Montesquieu-sur-Canal (Haute-Garonne), à 71 ans.

1872 (11 mai). 2° *Mort* de mon grand-père paternel AUGUSTE, à Pamiers, à 66 ans.

1872. 3° NAISSANCE et *mort* (un an plus tard) de RENÉ, deuxième enfant de CLÉMENT.

1874. NAISSANCE d'AIMÉ II, troisième et dernier enfant de CLÉMENT (âgé actuellement de 32 ans).

1876. Ma NAISSANCE, ALPHONSE II ; 30 ans, docteur en médecine, à Toulouse. Né à Rennes (Ille-et-Vilaine).

1877. NAISSANCE de LÉONIE LACCOURREYE, future épouse d'AIMÉ (à Blidah), 29 ans actuellement.

1881 (16 janvier). 1° *Mort* de JOSÈPHE, épouse BONNANS, aux Cabannes, âgée de 67 ans, mère de *dix* enfants, dont six garçons.

1881 (28 janvier). 2° NAISSANCE de ma femme MARIE-LOUISE MARCAILHOU-D'AYMERIC, née BARTHEZ, à Toulouse.

1881. Curieux détail : 1° Ma cousine germaine MARIE-LOUISE MARCAILHOU-D'AYMERIC (épouse LEGENDRE), naît le 28 janvier 1871.

2° Ma femme MARIE-LOUISE MARCAILHOU-D'AYMERIC, née BARTHEZ, naît le 28 janvier 1881.

Donc même prénom, même jour exact de naissance et dix ans plus tôt.

1882. (11 juillet) 3° *Mort* de ma tante maternelle OLYMPIE PIQUEPÉ, à 32 ans, à Pourquéry j'assiste à son agonie. (J'ai 6 ans.)

1883. (mai). *Mort* de sa mère, ma grand'mère maternelle PAULE PIQUEPÉ, à Pourquéry. (Je suis en Algérie, à Bône, depuis le 19 avril, rue d'Armandy, avec mon père ALPHONSE, ma sœur ANDRÉE et mes deux frères, GASTON et ALEXANDRE. Ma mère, AMÉLIE, est à Pourquéry.

1884. (4 février). Mon départ de *Bône* (Algérie) pour la France (Toulouse). J'avais alors huit ans). J'habite Toulouse un an, puis à Ax trois ans.

1885. 1° *Mort* à Rabat de FRANÇOIS RIVIÈRE, curé de *Rabat*, à 93 ans.

1885. 2° Mariage de ma sœur Andrée avec Félix St-SERNIN CHANUT, notaire à Touffaillés. (Je suis à Ax). Départ de mon frère aîné Gaston pour Saïgon, à l'âge de 19 ans.

1885. *Mort* de Gatien DURAN, fils de Zénobie MARCAILHOU-d'AYMERIC, épouse DURAN. (J'assiste à sa mort.)

1886. *Mort* de MININE-RIVIÈRE (Jeanne-Marie), âgée de 96 ans, fille de Jean RIVIÈRE et de la Centenaire Marie « *Talis mater, qualis filia.* » (J'assiste à la mort).

1887. Naissance de Jeanne I SAINT-SERNIN CHANUT (morte en bas âge).

1887. J'habite Toulouse neuf ans. Je fais mes études à l'Esquile, au Caousou, au Lycée.

1888. *Mort* de Pierre BONNANS, des Cabannes, mari de Josèphe, née MARCAILHOU-D'AYMERIC.

1889. 1er Mariage d'Hippolyte MARCAILHOU-D'AYMERIC avec Catherine SICARDON, de Cazères-sur-Garonne (Haute-Garonne). J'assiste à la noce avec mon père, mon frère Alexandre, mon oncle Clément et sa fille Marie-Louise, Louis DURAN, fils de Zénobie, etc.

1890. 1° *Mort* à Toulouse, rue du Taur, de mon oncle Ernest BONNANS, fils de Pierre BONNANS, mort deux ans avant et de Josephe, morte onze ans avant. (J'assiste à sa mort).

1890. 2° *Mort* à Ax de mon grand-oncle RIVIÈRE-BOULIÉ, notaire, frère de ma grand'mère, âgé de 68 ans environ (1).

1890. 3° *Mort* de Lucien RIVIÈRE, père d'Anna MICHAUT, de Bordeaux et d'Emile RIVIÈRE, de Bordeaux. (Cousin du précédent : RIVIÈRE-BOULIÉ).

1891. NAISSANCE de Jeanne II SAINT-SERNIN CHANUT, fille de ma sœur Andrée, à Touffaillès (Haute-Garonne) actuellement âgée de 15 ans (huitième génération).

1891. NAISSANCE d'Auguste II, 1er enfant d'Hippolyte et de Catherine. (Mort à 5 mois).

1892. (4 novembre) 1° NAISSANCE d'Auguste III, 2e enfant, aujourd'hui âgé de 14 ans.

1892. (14 novembre) 2° *Mort* de ma grand'mère Céline RIVIÈRE, à Ax, à 77 ans. (Je passais mes épreuves orales du baccalauréat de rhétorique) à Toulouse. J'avais 16 ans (2).

(1) J'avais neuf ans. Il m'invitait, tous les jeudis, à goûter la poule au pot d'Henri IV ou à humer le piot !!

Il était doué d'une voix merveilleuse de ténor léger. Élève du célèbre ténor Dupré, de l'Opéra. Il chantait avec un goût parfait. Je n'oublierai jamais l'accent de déchirement profond, d'angoisse, d'épouvante qu'il mettait, en grand artiste qu'il était, dans l'interprétation du chant du *De Profondis*, le soir de la Toussaint, au cimetière d'Ax. Il faisait sangloter les assistants.

Ce fut, de plus, un notaire d'envergure et le maître d'Ax par son influence, basée sur sa haute expérience. Il mourut du diabète.

(2) Ma grand'mère paternelle Céline MARCAILHOU-D'AYMERIC fut une femme d'une haute intelligence. Je n'ai même encore nulle part trouvé son équivalent.

Je lui vis faire une *ligature* de *l'artère radiale* sur un maçon qui s'était tranché ce vaisseau accidentellement d'un coup de truelle.

Ses obsèques furent de véritables funérailles. Tout Ax y assistait. Deux mille personnes reconnaissantes des bienfaits et des conseils prodigués suivaient le convoi.

1893. *Mort* a Ax de ma grand'tante Zénobie DURAN, âgée de 84 ans, mère de 9 enfants, fille d'Augustin. La seule de la 5e génération (à partir de Pierre compris, jusqu'a moi 7e) que j'ai connue.

1893. (18 avril), MARIAGE de ma cousine germaine Marie-Louise MARCAILHOU-D'AYMERIC, fille de Clément avec Pierre LEGENDRE, ex-professeur au Collège, à Blidah, actuellement éditeur à Paris. (Aujourd'hui 13 ans de mariage et 35 ans d'âge). Trois filles : Yvonne, Gabrielle, Germaine et un garçon, Louis.

1894. (Mars). 1° Mariage de mon frère aîné Gaston, âgé de 28 ans, avec Madeleine BONNERY, de Saint-Genest-de-Contest (Tarn). (Je passe mes baccalauréats de philosophie et ès-sciences restreint.)

1894. (31 juillet). 2° *Mort* de mon frère Gaston (d'insuffisance aortique) après cinq mois de mariage. — Mort à Paris, rue Bellechasse ; il est inhumé à Saint-Genest. Sa femme se remariera 3 ans après et redeviendra veuve pour la 2e fois après quatre ans d'un second mariage.

1894. (octobre). NAISSANCE de Marie-Thérèse III, 3e enfant d'Hippolyte II, pharmacien à Ax.

1894. (décembre) 4° NAISSANCE de Marie-Jeanne MARCAILHOU-D'AYMERIC, fille Posthume de mon frère Gaston, à la Bézaurié, près Saint-Genest (Tarn).

1895. *Mort* de mon grand-oncle Alexandre DURAN, le poète d'Orlu, à Ax, à 92 ans !

1896. NAISSANCE de Denise SAINT-SERNIN JANUT, fille de ma sœur Andrée, à Touffailles (Tarn-et-Garonne).

1897. (7 août). *Mort* de mon oncle l'abbé Alexandre, aumônier du Saint-Nom-de-Jésus d'Ax-les-Thermes, à 58 ans, frappé d'une attaque d'apoplexie. Botaniste archéologue. « Je suis à Bordeaux ; je passe mon anatomie avec le professeur Demons ; je suis reçu au concours de l'Ecole de Lyon ; j'habite Lyon ».

1898. A Blidah, (1) (en septembre-octobre) j'apprends trois morts :

1° *Mort* de ma tante Blanche BONNANS, des Cabannes, femme d'Ernest. Elle est originaire de Lyon. Meurt d'une entérite muco-membraneuse, aux Cabannes.

1898. 2° *Mort* de ma tante Zélie ASTRIÉ, de Toulouse, allées Saint-Etienne. Meurt d'une attaque d'apoplexie. Elle était fille d'Hippolyte, fils de Pierre ASTRIÉ du CASTELET, père de 29 enfants, dont 14 survécurent longtemps. Tante de mon père, nièce de mon arrière-grand'tante Baronne SARRUT, de Toulouse.

1898. 3° *Mort* de ma tante Hélène CALVET, au château d'Urs et de Toulouse (rue Lanternière), née RIVIÈRE-BOULIÉ, notaire.

1899. 1° (Mars) MARIAGE de mon frère cadet Alexandre II, âgé de 30 ans, notaire, avec Germaine FAURE de LAVAUR (Tarn).

1899. 2° (8 août). NAISSANCE de Georges, quatrième enfant d'Hippolyte et dernier de Catherine.

(1) Où je vais passer une partie des vacances, chez mon oncle Clément.

1899. 3° (17 août) Mort de CATHERINE SICARDON, femme d'HIPPOLYTE, à 33 ans, mère de 4 enfants. (J'assiste à sa mort, à Ax.) Elle meurt de fièvre et péritonite puerpérales.

XX° SIÈCLE

1900. 1° NAISSANCE de SIMONE, 1re fille de mon frère ALEXANDRE et de GERMAINE, à Montaut (Gers).

1900. 2° MARIAGE d'AIMÉ II, mon cousin germain, fils de CLÉMENT avec LÉONIE LACCOURREYE, de Blidah, (originaire d'Aramits, Basses-Pyrénées) (Aimé, 25 ans 1/2, Léonie, 22 ans 1/2).

1900. 3° Deuxième mariage de mon oncle HIPPOLYTE avec HENRIETTE d'AUDIBERT DE LUSSAN, d'AUTERIVE (Haute-Garonne) à Auterive. Hippolyte, 45 ans, Henriette, 30 ans.

1901. (mai.) 1° NAISSANCE de SUZANNE III, 1re fille d'AIMÉE et de LÉONIE, à Bedeau (Oran).

2° (30 septembre). NAISSANCE du jumeau HENRI, 5e fils d'HIPPOLYTE et 1er d'HENRIETTE.

3° (1er octobre). NAISSANCE de la jumelle SYLVIANE, 6e enfant d'Hippolyte et 2e d'Henriette.

Curieux détail :

Deux jumeaux naissent l'un au mois de septembre, l'autre au mois d'octobre.

L'un, 30 septembre à 10 heures du soir.

L'autre, 1er octobre à 3 heures du matin.

Curieux détail :

Mon oncle Hippolyte est exactement à égale distance d'âge de mon père, son frère aîné, et de moi, soit 21 ans de différence.

1903. 1° NAISSANCE de PIERRE II, deuxième enfant d'AIMÉ, à Lamoricière (Oran).

1903. 2° Mon mariage (1er juin) à Toulouse (chapelle Sainte-Anne et hôtel Tivollier) avec Mlle MARIE-LOUISE BARTHEZ, fille aînée de M. JEAN-BAPTISTE BARTHEZ, de Toulouse, minotier. Moi-même 27 ans, Marie-Louise 22 ans. Voyage de noce à Pourquery, près Montesquieu-sur-Canal, à Ax, à Bordeaux, à Tours, à Paris. Enfin, arrivée à Baugy (Cher).

1904. Je quitte définitivement Baugy (Cher) pour me rapprocher de Toulouse et je vais m'installer à Lézat (Ariège), le 1er juin.

1904. NAISSANCE à Toulouse, le 31 mars, de mon premier né : GUY (René-Marie). Futur chef (seul héritier mâle) de la VIIIe génération. Actuellement âgé de 2 ans 1/2.

1905. NAISSANCE à Toulouse, le 25 octobre, de ma fille ODETTE (Yvonne-Marie). Actuellement âgée de un an.

1906. *Mort* de mon père ALPHONSE I, à Alexandrie d'Egypte. Le 22 mai. Il était docteur en médecine à Toulouse. S'était rendu à Alexandrie pour faire l'accouchement de sa pupille et nièce GABY ASTRIÉ-ROULAND, épouse BILLAUD. Il avait été le promoteur du mariage. Fut trouvé mort dans son lit le matin, ayant succombé sans se réveiller à une *embolie cardiaque*. N'avait jamais souffert du cœur ou de n'importe quel organe. Il était âgé de 71 ans et 5 mois. Inhumé à Montesquieu-sur-le-Canal (Haute-Garonne) dans le caveau de famille des PIQUEPÉ et de ma mère.

1906. A Lézat, je compose mes trois ouvrages : 1° *Les Pyrénées et l'Ariège;*
2° *Genealogica* ou *le Livre de Vie.*
3° *Récits de haute montagne.*

1906. Je quitte définitivement Lézat-sur-Lèze (Ariège) pour venir à Toulouse, m'installer comme docteur-médecin et successeur de mon père.

Et maintenant la dernière page du LIVRE DE VIE est ouverte. Blanche aujourd'hui. Rose (mariage) demain. Verte (naissance) après-demain. Noire, hélas, le plus tard possible. A la suite immédiate de cette dernière page le PRÉSENT cesse, expire, l'AVENIR commence. L'avenir, avec ses mystères, ses nébulosités, ses secrets. La RACE est là qui palpite dans l'ombre. A nous aussi, il nous est dit la parole de la Genèse : « *Tu t'arrêteras là et tu n'iras pas plus loin.* » De quoi demain sera-il fait ?... Et les descendants s'ajoutant les uns aux autres comme les anneaux d'une même chaîne, viendront ici compléter l'œuvre des ancêtres. Ils continueront d'inscrire sur le Livre de Vie, les trois faits primordiaux de l'existence, les trois actes les plus grandioses de la Vie : La Naissance, le Mariage et la Mort. Que les événements heureux viennent en foule ! Longévité, santé, prospérité et bonheur à nous-mêmes, à nos enfants et à nos futurs descendants !

Toulouse ce 15 septembre 1906. — Minuit.

Docteur ALPHONSE MARCAILHOU-D'AYMERIC, fils.

II

Supplément au Livre d'Or

De la Famille

Marcailhou-d'Aymeric

D'Ax-les-Thermes (Ariège).

LA DESCENDANCE D'AUGUSTE MARCAILHOU-D'AYMERIC

(enfants, petits-enfants, arrière-petits-enfants)

OU LES VIe, VIIe ET VIIIe GÉNÉRATIONS

Ces enfants d'AUGUSTE, au nombre de *cinq*, représentent la *sixième* génération, à partir de PIERRE MARCAILHOU, du château d'Urs, lui-même constituant la première génération.

Ces enfants sont :

1° Le docteur ALPHONSE MARCAILHOU D'AYMERIC, né en 1834, ex-docteur en médecine à Toulouse. (Mon père). Décédé le 22 Mai 1906 à Alexandrie d'Egypte, où il était parti pour rendre un service : accouchement de sa pupille et nièce GABY ASTRIÉ-ROLLAND, épouse Billaud.

2° Sœur ZÉNOBIE, supérieure du grand hôpital Saint-André, de Bordeaux, née en 1837.

3° L'abbé ALEXANDRE, ex-aumônier du Saint-Nom-de-Jésus d'Ax-les-Thermes, né à Ax, en 1839, décédé en 1897, âgé de 58 ans.

4° Le docteur CLÉMENT, né en 1842, habitant Blidah (Algérie).

5° Le pharmacien HIPPOLYTE, né en 1855, habitant Ax-les-Thermes (Ariège). Tous nés à Ax.

I. — Le docteur Alphonse Marcailhou-d'Aymeric père (1834-1906).

Notice biographique. — Mon père, le docteur ALPHONSE MARCAILHOU D'AYMERIC (1), naquit à Ax-les-Thermes (Ariège), par une froide et

(1) Mêmes nom, prénoms et profession que moi-même. De plus, docteur-médecin dans la même ville (Toulouse).

sombre nuit d'hiver, le 18 décembre 1834. Les toits d'ardoise de la petite ville disparaissaient sous l'épaisse couche des neiges. D'énormes stalactites de glace fixées au faîte des maisons plongeaient, telles des gargouilles, au-dessus du vide des carrefours. L'Ariège, tout à côté, murmurait son éternelle et parfois plaintive chanson.

Son père, AUGUSTE, exerçait, dans l'aimable et pittoresque cité, déjà célèbre par la vertu de ses eaux thermales, la profession de pharmacien. Il avait, au moment de la naissance de son fils aîné, 28 ans (1).

Sa mère, Céline Rivière, était une toute jeune femme de moins de dix-huit ans, fille de Denis Rivière, chevalier de la Légion d'honneur, ex-garde général des forêts.

L'enfant reçut au baptême les prénoms de François-Xavier, *Alphonse*, Gatien, Marie.

Plus tard, l'enfant fut mis au collège de Pamiers et y obtint tous les premiers prix. Il fut décidé qu'il suivrait la carrière de pharmacien militaire concurremment avec la médecine civile. La pharmacie était la profession de son père et la médecine celle de son oncle Gatien, qui commençait, en même temps, à devenir une célébrité musicale.

Aussi en 1854, à l'âge de 19 ans, nous le voyons « requis comme élève en médecine pour l'épidémie du choléra d'Ax (Ariège) » ainsi qu'en témoigne le document officiel des états de service et campagnes de M. Marcailhou-d'Aymeric (Alphonse) (2).

En 1856, à l'âge de 21 ans, le 11 mars, il entra dans la pharmacie militaire avec le premier grade de PHARMACIEN SOUS-AIDE. Il est immédiatement dirigé sur l'hôpital de *Marseille*, sa première et belle garnison. Il n'y reste qu'un mois. Il est détaché aux pittoresques îles d'Hyères, à l'île de Porquerolles où il réside trois mois (avril-juillet 1856), puis rejoint Marseille où il est en garnison pendant trois mois et demi.

Alors commence sa vie militaire extrêmement active où pendant *trente années* (1856 à 1886), il sillonnera la France, la Corse, l'Algérie, et sera témoin des plus grandes batailles des guerres d'Italie et de 1870. Tour à tour, nous le verrons aller d'Ax à Marseille, de Marseille à Paris, de Paris à Perpignan, de Perpignan à Cambrai, de Cambrai à Toulouse et Amélie-les-Bains, d'Amélie-les-Bains à Alger, Boghar, puis à Bastia, de Bastia à Calais, de Calais à Rennes, de Rennes à Chambéry, de Chambéry à Oran (3), etc., parcourant ainsi les antipodes et les climats les plus opposés, assistant aux terribles épidémies du choléra et de typhus de Boghar, Bône et se tirant indemne de ces divers fléaux.

(1) Mon grand-père, Auguste, possédait une merveilleuse voix de basse d'une rare étendue. Son registre était de trois octaves et allait des notes les plus graves de la basse noble (Bertram) aux notes élevées de baryton.

(2) Cette épidémie du choléra de 1854, à Ax, fut extrêmement meurtrière. Le terrible fléau sévit en septembre et octobre et décrut en novembre et décembre. Il mourut, dans les deux premiers mois, deux malades *par jour*.

Voici un extrait du *Livre d'Or* (p. 194) de la famille Marcailhou-d'Aymeric par l'abbé Alexandre Marcailhou-d'Aymeric : Année 1854 : décès, septembre, 54 ; octobre, 54 ; novembre, 6 ; décembre 7 ; total : 121. (Registre mortuaire de la paroisse Saint-Vincent-d'Ax.)

(3) A partir de la garnison d'Oran, sa carrière militaire, devenant exclusivement africaine, se termine par Mascara, Bône, Batna, où il demande sa retraite en 1885, âgé de 50 ans.

Reprenons :

De Marseille (1856), il est dirigé sur *Paris* où il résidera un an et demi, du 2 octobre 1856 au 11 janvier 1858. Il est successivement rattaché à l'hôpital de Saint-Philippe-du-Roule où il séjourne un mois, à l'hôpital du Gros-Caillou (2 mois 1/2), à l'hôpital du Val-de-Grâce (6 mois).

De Paris, il est envoyé à Châlons-sur-Marne ; il y demeure deux mois. Il est ensuite rattaché au *Camp de Châlons* (quartier impérial) (1 mois 1/2) 1857.

En 1857, il est nommé PHARMACIEN AIDE-MAJOR STAGIAIRE à l'école impériale de médecine et pharmacie militaire au *Val-de-Grâce*. Il a 22 ans. Il y demeure un an et un mois (octobre 1857-novembre 1858).

Au sortir du Val-de-Grâce, il est nommé PHARMACIEN AIDE-MAJOR COMMISSIONNÉ à l'hôpital de *Perpignan*. Il y demeure six mois. La *Guerre d'Italie* éclate. Il part à l'armée d'Italie le 1er mai 1859. Il a 24 ans. Il est versé à l'ambulance du 2e corps (maréchal Baraguay-d'Hilliers). Il assiste aux batailles de *Montebello, Turbigo,* à la célèbre bataille de *Magenta*, à *Marignan,* à *Solférino*. Il assiste à l'entrée triomphale à *Milan*, au milieu des transports d'enthousiasme d'une population délirante de joie. Les femmes jettent des bouquets énormes de roses sur les soldats, les fillettes viennent embrasser les officiers. Il est versé à l'ambulance de la première brigade de cavalerie. Il est nommé PHARMACIEN AIDE-MAJOR DE 2e CLASSE. Est envoyé à *Gênes*, à l'hôpital St-Bénigne, où il demeure six mois (de Noël 1859 au 12 juin 1860. Il est embarqué sur Marseille.

Il réside à *Cambrai* trois mois, puis avec le grade de PHARMACIEN AIDE-MAJOR DE 1re CLASSE, est envoyé à l'hôpital de *Toulouse* le 12 septembre 1860. Il a 26 ans. Il y demeure près de deux ans.

Il se marie en 1861 (26 novembre) à 27 ans, au château de Roquettes, avec (ma mère) AMÉLIE PIQUEPÉ, du château de Roquettes, en Lauragais, commune de Montesquieu-sur-le-Canal (Haute-Garonne). Ma mère a à ce moment 25 ans.

Il prend son titre de DOCTEUR EN MÉDECINE à la Faculté de Montpellier. Il est détaché ensuite à *Amélie-les-Bains* (2 août 1862) où il habite près de quatre ans.

Naissance de sa fille ANDRÉE, en 1863 (au château de Roquettes). Naissance de son fils aîné GASTON, en 1865, au même château.

Il est ensuite envoyé, en 1866, en Algérie, à *Alger*, à l'hôpital du Dey. Il y demeure six mois.

Il tient ensuite garnison à *Boghar*, province d'Oran, près du fleuve Chéliff, 1866. Il est au cœur de la *grande épidémie de choléra*. Ma mère prend le choléra, mon père la soigne et la guérit. En 1867, toujours à Boghar, *épidémie de typhus*. Il est nommé à la suite de sa conduite pleine de courage et de dévouement pendant ces deux grandes épidémies, PHARMACIEN-MAJOR DE 2e CLASSE (1869). Il a 34 ans. Il a cette même année (1869) son troisième enfant : ALEXANDRE. Il séjourne trois ans à Boghar.

En 1870, au début, il est nommé à *Bastia* (6 janvier).

La guerre de 1870 vint le surprendre à ce poste. Il part en août, est classé dans *l'armée du Rhin*, assiste aux grandes batailles. A *Reischoffen*, il voit l'immortelle charge des cuirassiers. Il est au siège de *Strasbourg;* puis il voit la terrible bataille de *Sedan*. Il passe ensuite (1871) à *l'armée de la Loire*. Là il assiste à la bataille de *Coulmiers*, à la sanglante défaite de *Châteaudun*, à la bataille de *Patay*. Passe à *l'armée de Bretagne*, assiste à la bataille de *Terminiers*, et à la grande déroute du *Mans*. Enfin est à *l'armée de Versailles* contre la Commune.

Est fait *chevalier de la Légion d'honneur* (24 juin 1871) : Il a 36 ans 1/2.

Après la guerre de 1870, mon père rejoint son poste de Bastia. Il y demeure deux ans. Il sait s'y créer une jolie clientèle (1).

Il est envoyé à *Calais* et y séjourne un an (1873-1874).

De là à *Rennes*, où il est nommé pharmacien major de 1re classe (1876). Il a 41 ans. Je nais (quatrième enfant) à Rennes (2).

Il est envoyé à Chambéry.

Il y demeure deux ans. Jolie clientèle (1877-1879). Médecin de l'archevêque Mgr Mermillod.

Il est ensuite renvoyé en Algérie, à Oran. (1879). Un an de séjour.

Puis à *Mascara*, où il retrouve son vieux compatriote, l'archiprètre Carrière, (3) type des curés d'Afrique. Il avait la physionomie empreinte d'une paternelle bonhomie. Une vénérable barbe de patriarche encadrait sa figure. Ajoutez à cela la forte carrure des épaules du montagnard, l'ampleur de la poitrine. Et pour compléter : l'inséparable pipe au coin de la bouche. C'est ainsi que je l'ai connu à Ax, en 1886. Il venait dans son cher et frais pays natal se reposer des ardeurs du soleil d'Algérie. — Mon père demeura à Mascara près de deux ans.

Puis à *Bône*, superbe résidence. Délicieuse ville que j'habite en partie avec mon père en 1883. Un vrai paradis terrestre, une des perles de l'Algérie. Il y réside 3 ans (1880-1883). Il s'y crée une superbe clientèle lui rapportant 30,000 francs par an (4).

Il est enfin envoyé à *Batna*, (1883-1885) où il demeure un an et demi environ. C'est sa dernière garnison. Il a 49 ans. Il demande sa retraite pour rejoindre en France sa famille.

(1) Au départ de mon père, de Bastia, la population reconnaissante du dévouement dont il avait fait preuve, se porta en foule sur l'avenue de la gare, détela ses chevaux et le porta en triomphe en s'écriant : « E viva el signor dottore! »

(2) A Rennes : rue Bertrand, chez M. Bertrand.

(3) Originaire duhaut village d'Ascou (1.000 mètres) d'altitude au-dessus d'Ax-les-Thermes. Son frère : Carrière est actuellement maire d'Ascou.

(4) Le fameux maire de Bône : M. Bertagna m'écrivait, en 1902 (près de vingt ans après son départ) que le souvenir de mon père restait toujours vivace dans le cœur des vieilles générations et dans la mémoire lointaine des jeunes.

Les XXIII garnisons de mon père.

GARNISONS ET GUERRES.		GRADES.
I. 1856. Marseille		Pharmacien sous-aide.
II. 1856. Porquerolles (îles d'Hyères).		
III. 1857. Paris.		
IV. 1857. Camp de Châlons.		
V. 1858. Val de Grâce		Pharmacien aide-major stagiaire.
VI. 1858. Perpignan		Pharmacien aide-major commissionné.
VII. 1859. Guerre d'Italie.	BATAILLES : Montebello. Turbigo. Magenta. Marignan. Solférino. Milan (Entrée à)	Pharmacien aide-major de 2e classe.
VIII. Noël 1859. Gênes.		
IX. 1860. Cambrai.		
X. 1860. Toulouse		Pharmacien aide-major de 2e classe,
XI. 1862. Amélie-les-Bains.		
XII. 1866. Alger.		
XIII. 1866. Boghar		Pharmacien major de 1re classe.
XIV. 1870. Bastia.		
XV. Guerre de 1870. I. Armée du Rhin.	Reischoffen. Siège de Strasbourg. Sedan.	
II. Armée de la Loire.	Coulmiers. Chateaudun. Patay,	
III. Armée de Bretagne.	Terminiers. Le Mans.	
IV. Armée de Versailles	Contre la Commune	Chevalier de la Légion d'Honneur.
XVI. 1871. Bastia.		
XVII. 1873. Calais.		
XVIII. 1874. Rennes		Pharmacien major de 1re classe.
XIV. 1877. Chambéry.		
XX. 1879. Oran.		
XXI. 1879. Mascara.		
XXII. 1880. Bône.		
XXIII. 1884. Batna.		

Il s'installe en qualité de docteur en médecine, retraité, à Toulouse en 1885. Il a habité cette ville vingt et un ans. Il a été dans cette ville président de la Société de pharmacie du Sud-Ouest, où il fut remplacé par son jeune frère HIPPOLYTE. Il vient de mourir récemment (il y a quatre mois) à Alexandrie d'Égypte, d'une embolie cardiaque, à l'âge de 71 ans 1/2.

Il est mort, universellement estimé et pleuré même de tous ceux qui l'ont connu. A côté de ses rares qualités d'esprit, on appréciait en lui cet inlassable dévouement de tous les instants, cette serviabilité sans bornes, ce réel besoin, en effet, de rendre service. Il passa en faisant le bien, prodiguant la bonne semence dans le sillon des éprouvés. Il est mort en rendant un dernier service.

Il s'était, ces vingt dernières années, attiré toute une renommée de *Conteur* fin et ironique, parfois empreint de bonhomie. La narration de ses contes faisaient le charme des réunions de la Société des anciens officiers et de ses intimes. J'écrirai et publierai peut-être un jour prochain ces *Trente Contes*, dont la plupart se rattachaient à ses anciens souvenirs.

Dans le CYCLE MARSEILLAIS, (sa première garnison), à noter : (1)

* 1° *Le voyage du Marseillais à Paris.*
* 2° *Le canard mulard ou comment fut inventé le chemin de fer de ceinture.*
* 3° *La sardine qui bouche l'entrée du Port.*
4° *Le Marseillais et la Pompe.*
5° *Le Marseillais et le Portrait.*
6° *Le Marseillais et la Giffle.*

Dans le cycle BRETON (Rennes).

**7° *La Confession des deux Troupiers (Bedufe et Oustalet).*
**8° *Le Moine et la Truffe.*
9° *La Pluie de Saint-Pierre.*
10° *La face du Saint-Père.*

Dans le cycle du QUERCY.

* 11° *Le Fusil à deux coups.*
12° *Le* Pesquié.
13° *Le Curé de Montsessou.*
14° *Le Malaise du Curé.*

Dans le cycle TOULOUSAIN.

**15° *Le clou de Mademoiselle de Prades.*
* 16° *L'O dans le Q.*
17° *La Fourchette de maitre Abraham.*
* 18° *Le Pélerinage de Lourdes.*
19° *La Vieille et le petit pain.*
* 20° *Le lieutenant Blanc-Minet et Mademoiselle des Estoupettes.*

Dans le cycle AXÉEN.

21° *Le Plumeau de Monseigneur.*
22° *Le Sacre d'Orge d'Orlu.*
23. *L'Église d'Orlu détruite.*
24° *Les Pruneaux de Mademoiselle Ch.....*
25° *Les Lentilles de Prades.*

A ces vingt-cinq contes, j'ajouterai peut-être cinq de mes contes personnels, entre autres :

**26° *Le Parchemin, imitation de Boccace.*
27° *La Vache d'Orlu.*
28° *Les Cloches d'Albiès.*
29° *Le Grain d'avoine.*
**30° *Le Sermon de Rabelais.*

A côté du militaire, du médecin et du conteur, il y avait encore, en mon père, un polyglotte et un distingué musicien.

(1) Les * astérisques indiquent les contes les plus intéressants.

Comme *polyglotte*, il connaissait parfaitement bien *(a) l'italien* et *(b) l'arabe* qu'il avait appris : le premier pendant la guerre d'Italie, le second dans ses longues prérégrinations algériennes. Puis *(c) l'espagnol* et *(d) l'allemand.*

* * *

Comme *musicien*, doué d'une belle voix de baryton de grand opéra, il occupait ses loisirs à chanter en italien tout le grand répertoire : celui de Verdi avec *Rigoletto*, *la Traviata*, *le Trouvère.*

Celui de Dominzetti avec *la Favorite, Lucie de Lamermoor, la Fille du Régiment.*

Celui de Bellini avec *la Norma,* celui de Rossini avec *Guillaume Tell, le Barbier, Gazza Ladra,* etc.

Son oncle, le célèbre compositeur Gatien Marcailhou-d'Aymeric, lui avait donné des leçons de piano. Aussi jouait-il de tête et avec une rare expression des sélections sur ces mêmes opéras italiens et sur *Faust.* Il a composé trois morceaux de musique pour danses :

1° Une mazurka : *Andrée.*

2° Une polka : *Jeanne.*

3° Une valse.

Mais il a eu le tort de ne pas les écrire. Il les jouait souvent.

II. — Sœur Zénobie Marcailhou-d'Aymeric, née à Ax en 1837.

Supérieure du grand hôpital Saint-André, de Bordeaux (67 sœurs sous ses ordres). Ordre des Filles de la Charité ou de Saint-Vincent-de-Paul. Elle a succédé à sa tante, la vénérée sœur Angèle Rivière, qui, pendant 44 ans, fut à Bordeaux la supérieure du même Ordre dans le même hôpital. Ma tante, sœur Zénobie, (en religion Sainte-Céline) a été auparavant supérieure pendant près de vingt ans, à Douai (Nord) et auparavant encore à Rethel. Elle est actuellement âgée de 69 ans.

III. — L'abbé Alexandre Marcailhou-d'Aymeric (1839-1897).

Ex-vicaire à Foix, en 1865, curé à Miglos (1869 à 1870), aumônier du Saint-Nom-de-Jésus à Ax-les-Thermes (Ariège) de 1872 à 1897, pendant 25 ans, jusqu'à sa mort, survenue le 7 août 1897 à la suite d'une attaque d'apoplexie.

1° Botaniste éminent (voir la liste de ses travaux botaniques dans le Livre d'or de la famille).

2° Publiciste littéraire : *Livre d'or de ma famille* (1890) ; *Les avalanches d'Orlu* (1891).

IV. — Le docteur Clément Marcailhou-d'Aymeric de Blidah (Algérie). Né à Ax en 1842.

Notre oncle a épousé, le 23 avril 1870, à Blidah, Mlle *Louise*-Françoise-Anastasie Urbain.

Voici la liste de ses titres honorifiques :

Docteur Clément Marcailhou-d'Aymeric, né à Ax-les-Thermes (Ariège) le 21 février 1842, docteur en médecine à Blidah (Algérie).

Médecin-major de première classe au titre territorial.

Chevalier de la Légion d'honneur, en 1901.

Officier d'Académie en 1891.

Officier de l'Instruction publique en 1906.

Publiciste, membre correspondant de l'Académie de médecine de *Paris* et lauréat.

Auteur de l'*Hygiène du colon en Algérie* et de l'*Education de la première enfance.*

Correspondant et collaborateur de nombreux journaux de médecine de France et d'Algérie.

Huit médailles d'honneur pour les épidémies.

Médaille d'honneur ministérielle de la Mutualité (1906).

Médaille d'honneur ministérielle des sapeurs-pompiers.

Ex-conseiller général de Blidah pendant seize ans.

Premier adjoint au maire de Blidah pendant dix-huit ans.

Médecin de toutes les administrations de la ville de Blidah.

Médecin légiste.

Ex-élève de l'École de Strasbourg et du Val-de-Grâce. Ex-médecin aide-major à Alger, Médéah, Orléansville, où naquit sa fille Marie-Louise. Fit l'expédition de Kabylie en 1870.

Il est actuellement âgé de 64 ans 1/2.

V. — Le pharmacien de première classe Hippolyte Marcailhou-d'Aymeric, d'Ax-les-Thermes (Ariège). Né à Ax en 1855.

Voici la liste de ses titres :

Pharmacien de première classe à Ax-les-Thermes (Ariège).

Lauréat de l'École de médecine et de pharmacie de Rennes.

Deuxième prix : médaille d'argent (concours de 1875).

Premier prix : médaille d'argent (concours de 1876).

Ancien préparateur de chimie et de pharmacie de ladite École (1875-1877).

Lauréat de l'École supérieure de pharmacie de Montpellier (*premier prix : médaille d'or*, concours de troisième année, 1878).

Lauréat de la Société archéologique du Midi (premier prix : médaille de vermeil, concours de 1887).

Membre et lauréat de l'Académie internationale géographie botanique. (Médaille scientifique : 1er janvier 1894).

Ancien président et membre de la Société de pharmacie du Sud-Ouest.

Membre à vie de la Société d'Histoire naturelle d'Autun.

Membre de l'Association française de botanique.

Membre correspondant de la Société d'Histoire naturelle de Toulouse.

Membre correspondant de la Société Ramond, etc.

Pour ses nombreuses publications scientifiques et littéraires voir brochure *Titres et publications diverses*, d'Hippolyte Marcailhou-d'Aymeric.

Botaniste, pyrénéiste, archéologue, publiciste.

Ses principaux ouvrages sont :

I. PYRÉNÉISME :

1° *Guide d'Ax-les-Thermes, (1885)* épuisé.

2° *Ascensions ariégeoises et para-ariégeoises.*

(a) *Tabe-Saint-Barthélemy (1898).*

(b) *La Coma Pedrosa d'Andorre (1898).*

(c) *Le Montcalm (1900).*

(d) *Le Mont-Valier (1902).*

3° Nouveau guide *illustré* d'Ax-les-Thermes (1906).

II. ARCHÉOLOGIE :

Monographie de la ville d'Ax (1886).

III. LITTÉRATURE DE VOYAGE :

Mon voyage en Italie : Une semaine à Naples (1886).

IV. BOTANIQUE :

Flore de la Haute-Ariège. — Trois tomes in-8°. (1898-1906-19..?). En collaboration avec son frère l'abbé Alexandre Marcailhou-d'Aymeric.

Voici le titre exact de l'ouvrage :

Catalogue raisonné des plantes phanérogames et cryptogames indigènes du bassin de la Haute-Ariège, canton d'Ax-les-Thermes (etc.).

Important ouvrage botanique qui datera. L'œuvre monumentale par excellence de sa vie.

Il est orné d'une remarquable carte hydrographique au $\frac{80}{1.000}$ (très appréciée) du bassin de la Haute-Ariège.

Hippolyte est actuellement âgé de 51 ans.

I. — Branche du docteur Alphonse Marcailhou-d'Aymeric ou branche aînée ou toulousaine.

Le docteur Alphonse Marcailhou-d'Aymeric, mon père, a épousé, le 26 novembre 1861, Mlle Jeanne-Anne-*Amélie* Piquepé, du château de Roquettes (commune de Montesquieu-sur-le-Canal, Haute-Garonne). De ce mariage sont nés quatre enfants :

1° Le 24 septembre 1863 : Paule-Augusta-Marie-Zénobie-*Andrée*, qui s'unit en mariage, le 8 avril 1885, à M. *Félix* Saint-Sernin-Chanut, notaire à Touffailles (Tarn-et-Garonne) et en a eu trois filles.

(a) Jeanne Saint-Sernin-Chanut, née en 1887, décédée en bas âge.

(b) Jeanne, née à Touffailles, le 10 mars 1891, actuellement âgée de 15 ans 1/2.

(c) Denise, née à Touffailles, le 17 mars 1896, actuellement âgée de 10 ans 1/2.

2° Le 12 septembre 1865, au château de Roquettes, Jean-Alphonse-Marie-*Gaston*, ancien chancelier de résidence au Cambodge, commis-rédacteur au Ministère des Finances, à Paris, qui épousa, le 12 mars 1894, Mlle Anna-Alexandrine-*Madeleine* Bonnery, de Saint-Genest-de-Contest (Tarn), et mourut subitement à Paris, rue Bellechasse, le 30 juillet 1894, à l'âge de 29 ans.

De ce mariage est née, à Saint-Genest-de-Contest, une enfant posthume, le 16 décembre 1894 : *Marie-Jeanne*-Gatienne. Elle est actuellement âgée de 11 ans 1/2

3° Le 19 septembre 1869, au château de Roquettes, *Alexandre*-Alphonse-Marie-Ange-Armand. Notaire, d'abord à Montaut, près Auch (Gers), de 1899 à 1904, puis à Mirepoix (Ariège), 24 juillet 1905. Il est âgé actuellement de 37 ans.

Il épousa, le 4 avril 1899, Mlle *Germaine*-Jeanne-Bernadette Fauré, de Marzens-Saint-Sauveur, près Lavaur (Tarn), née le 29 mars 1876.

De ce mariage est née, le 23 avril 1900, à Montaut (Gers) : *Simone*-Marie-Antoinette-Amélie, actuellement âgée de 6 ans 1/2.

4° Le 4 janvier 1876, à Rennes (Ille-et-Vilaine) : *Alphonse*-Marie-Joseph, docteur en médecine d'abord à Baugy (Cher) (1902-1904), puis à Lézat-sur-Lèze (Ariège) (1904) Ex-élève de l'École de Santé militaire de Lyon.

Actuellement docteur en médecine, successeur de mon père, à Toulouse. Agé de 30 ans.

Publiciste, pyrénéiste.

Ouvrages : I. PYRÉNÉISME :

1. Les Pyrénées et l'Ariège (1906). Quelques unes de mes ascensions en Ariège et en Andorre (1).

2. *Récits de haute montagne* (1906).

II. ARCHÉOLOGIE. — Généalogie.

Généalogica. I. Livre de Vie. II. Supplément au Livre d'Or de la famille Marcailhou-d'Aymeric. III. Quelques-uns de mes voyages : Bône, Le Quercy.

J'ai habité :

1° Rennes : de ma naissance (4 janvier 1876 à fin 1897) ;

2° Le Lauragais : château de Pourquéry, avec ma grand'mère maternelle, (de 1877 à 1883), six ans ;

3° L'Algérie : Bône (du 19 avril 1883 au 4 février 1884) ;

4° Toulouse, allées Saint-Étienne, 22 (1884) ;

5° Ax-les-Thermes (de fin 1884 à 1887) ;

6° Toulouse, rue Malaret 5, et rue du Faubourg Saint-Étienne 32 (de fin 1887 à 1896). Bachelier de rhétorique à 16 ans, étudiant en médecine à 18 ;

7° Bordeaux, cours Victor-Hugo (de fin 1896 à fin 1897) ;

8° Lyon (de 1897 à 1901), élève de l'École du Service de Santé militaire ;

9° L'Algérie : Blidah et Alger (du 1er septembre au 1er décembre 1901) ;

10° Toulouse et Paris (1901-1902) ;

11° Baugy (Cher) (1902-1904), docteur en médecine ; 2 ans 1/2.

12° Lézat-sur-Lèze (Ariège) (1904-1906), deux ans et un mois.

J'ai épousé, le 1er juin 1903, Mlle *Marie-Louise*-Jeanne-Françoise Barthez, de Toulouse, née le 28 janvier 1881.

(1) Ouvrage honoré de lettres autographes de félicitations des grands poètes : Frédéric MISTRAL, François COPPÉE ; des pyrénéistes : comte (LORD) Henry RUSSELL, comte Aymar D'ARLOT DE SAINT-SAUD, Maurice GOURDON ; des géographes : SCHRADER, JOANNE, etc.

De ce mariage sont nés mes deux enfants :

(a) Guy-René-Marie, né le 31 mars 1904, jour du jeudi saint, à midi, à Toulouse, actuellement âgé de 2 ans et demi.

(b) Odette-Yvonne-Marie, née le 25 octobre 1905, à Toulouse, actuellement âgée de un an.

II. — Branche du Docteur Clément Marcailhou-d'Aymeric de Blidah (Algérie), ou branche cadette, ou Algérienne.

Le docteur Clément Marcailhou-d'Aymeric, mon oncle, a épousé le 23 avril 1870 à Blidah, Mlle *Louise*-Françoise-Anastasie Urbain. De ce mariage sont nés trois enfants :

1° le 28 janvier 1871 *Marie-Louise*-Thérèse, qui a épousé, le 18 avril 1893, M. Pierre Legendre, ex-professeur de l'Université, actuellement éditeur à Paris. Elle est actuellement âgée de 35 ans. De leur union sont nés quatre enfants : Trois filles, Yvonne, Gabrielle, Germaine et un fils, Louis, né en 1905.

2° le 20 novembre 1872, *René*-François-Claude, décédé un an plus tard, le 25 octobre 1873.

3° Le 8 août 1874, *Aimé*-Auguste, ex-commis des affaires étrangères au Dahomey actuellement attaché à la Compagnie des chemins de fer algériens à Lamoricière, province d'Oran.

Aimé a épousé, le 28 juin 1900, Mlle *Léonie* LACCOURRÈYE, d'Aramits (Basses-Pyrénées).

De ce mariage sont nés deux enfants :

a) Suzanne-Marie-Louise, le 28 mars 1901 (actuellement âgée de 5 ans 1/2), née à Blidah.

b) Pierre-Yves-Clément, le 21 janvier 1903 (actuellement âgé de 3 ans 1/2).

III. — Branche du pharmacien de première classe Hippolyte Marcailhou d'Aymeric, d'Ax-les-Thermes (Ariège), ou branche jeune ou axéenne.

Hippolyte Marcailhou-d'Aymeric s'est marié deux fois. Il a, en premières noces, épousé, le 1er octobre 1889, Mlle *Catherine*-Marie-Jeanne Sicardon, de Cazères-sur-Garonne (Haute-Garonne).

De ce premier lit sont nés quatre enfants : 1° Le 7 avril 1891, *Auguste*-Marie-Joseph-Udaut-Célestin, décédé le 8 août 1891, à l'âge de cinq mois.

2° Le 4 novembre 1892 : *Auguste*-Louis-Alphonse-Charles, actuellement âgé de 14 ans ;

3° Le 19 octobre 1894 : *Marie-Thérèse*-Alexandrine-Octavie-Louise, actuellement âgée de 12 ans ;

4° Le 8 août 1899 : *Georges*-Clément-Octave, né dix jours avant la mort de sa mère, actuellement âgé de 7 ans.

Catherine Sicardon décéda à Ax-les-Thermes, le 18 août 1899, à 33 ans, après dix ans de mariage.

Hippolyte, en secondes noces, a épousé, le 22 octobre 1900, à Auterive (mariage civil) et le 22 octobre, à Toulouse, mariage religieux, Mlle Élise-*Henriette*-Marie d'Audibert de Lussan, née à Toulouse le 25 juin 1870, fille de François-Gustave-Achille d'Audibert, comte de Lussan.

De ce second lit sont nés, à Ax-les-Thermes, deux jumeaux :

5° Le 30 septembre 1900, à 10 heures du soir : *Henri*-George-Marie-Gustave ;

6° Le 1er octobre 1900, à 3 heures du matin : *Sylviane*-Henriette-Marie-Germaine.

Une branche d'Aymeric existerait à Brives, alliée à la famille de Cartouzières-d'Aymeric, résidant à Brives et parent du général de Chabaud-Latour, décédé et du comte Georges d'Avenel, écrivain-nouvelliste, qui habite à Paris, rue Galilée.

Une autre branche a épousé un Montalembert.

Les armoiries de la salle des Croisades à Versailles, donnent les indications nécessaires et les alliances nombreuses.

Toulouse, ce 20 septembre 1906.

Docteur Alphonse MARCAILHOU-D'AYMERIC, fils.

III

Quelques-uns de mes Voyages

LA VILLE DE BONE (Algérie).

En 1883 j'allais du château de Pourquéry, dans le Lauragais (1), propriété de ma mère, à Bône (Algérie). J'étais âgé de 7 ans. Avec mon père, pharmacien major de première classe, je m'embarquai à Marseille sur le paquebot transatlantique *Abd-El-Kader*. Nous débarquâmes à Bône, le 19 avril. Je me rappelle l'illumination féérique de la ville, la nuit, car nous arrivâmes vers 8 heures du soir. Toutes ces mille lumières des maisons, des promenades, du port, étagées en amphithéâtre, se reflétaient — telles des étoiles — dans les flots de la Méditerranée. Je demeurai à Bône avec mon père, ma sœur Andrée, mes deux frères Gaston et Alexandre, jusqu'en 1884 (février).

La ville de Bône est celle qui a produit sur moi la plus vive et indélébile impression. Cependant, depuis, j'ai vu Alger, Marseille, Bordeaux, Lyon, Paris, etc. Bône, la coquette, occupe toujours son rang d'honneur ; quel charme est donc inhérent à cette ravissante cité ? Sont-ce les souvenirs de l'extrême jeunesse, aujourd'hui déjà si éloignés (23 ans) ? Est-ce cette civilisation déjà orientale qui me séduisit par sa nouveauté, son étrangeté ? Etait-ce la beauté de la ville elle-même avec son port si fréquenté, où vient mourir le joli fleuve de la Seybouse, son avant-port, si vaste, où se mirent les établissements de bains si renommés de la *Brise de mer* et de la *Gre-*

(1) Le *Lauraguais* qui signifie *terre d'or*, renommé par sa fécondité, est géographiquement la vallée moyenne du *Petit* HERS, affluent direct de la Garonne (à Grenade). Cette fertile région a pour chef-lieu Villefranche-de-Lauragais.

nouillère? Sont-ce les superbes grandes allées Thiers, avec, à une extrémité, la statue du grand homme d'État tournée vers le port et à son autre extrémité, la belle cathédrale d'Hippone, l'église Saint-Augustin à l'escalier monumental? Etait-ce les grandioses portes de la ville : porte de la Pépinière, de l'Aqueduc, de l'Edough, d'Hippone, portes dont je n'ai vu nullement ailleurs l'équivalent, sauf, peut-être, à Bordeaux (portes de Bourgogne, d'Aquitaine, du Palais-de-Justice, etc.) Etait-ce le magnifique jardin d'essai de la Pépinière avec son mystérieux tombeau romain, au fond duquel reposaient des ossements vieux de deux mille ans. Dans ce même jardin d'essai de la Pépinière était-ce encore les énormes réflecteurs scolaires à miroirs puissants d'un diamètre de cinq mètres ? Quelles séductions donc m'attiraient ? Je ne sais. Mais je crois que toute mon admiration allait surtout à la mer, à ses côtes rocheuses, à ses délicieuses plages. Ses plages surtout pour moi incomparables : plage du Carroubier, plage Chapuis, plage Fabre, sorte de conques harmonieuses aux luxueux tapis de sable, baies minuscules pour lesquelles la mer ne gardait que des caresses et des souvenirs. Cependant que les flots furieux et sa colère allaient se briser contre le port du Carroubier et sur les promontoires rocheux.

Je me rappelle également le grand port avec sa forêt de bateaux, les transatlantiques, la *Ville de Rome* (1), le *Moïse*, venant, énormes, s'amarrer à quai ; les touaches : la *Bretagne*, les *Quatre-Mats*. Tout au fond, la Crapaudière, bains de mer où nous pêchions des crabes à la ficelle. Je revois dans ce même port, les enfants arabes, maltais de sept, huit ans, nus comme des vers, et qui, pour un sou, plongeaient au fond du bassin maritime.

La place d'armes carrée avec ses arcades, la belle mosquée occupant l'un des quatre côtés. Le marché arabe, de style mauresque de nouvelle construction, alors. La rue Saint-Augustin, une nouvelle rue que l'on ornait de maisons magnifiques, parallèle aux allées et conduisant au Port. Au bout de la rue, s'apercevait la forêt des mâts.

Puis la campagne de Bône, le lac Fetzara, l'exploitation minière d'Aïn-Mokra et le joli petit chemin de fer y conduisant.

Le village de Moris, où l'on se rendait en voiture pour de vastes parties de chasse où l'on revenait chargés de perdreaux, de cailles et de divers gibiers. On courait à travers la brousse ; partout des lignes de collines aux tons fauves, brûlés par le soleil ardent. Nous faisions aussi la chasse aux tortues. Nous en apportions de toutes les conditions et de toutes les races.

Je me rappelle, dans une ferme à la chasse, avoir vu deux sœurs, fort jolies filles de quatorze et quinze ans, qui n'ayant pas renié leur parenté avec notre mère Eve, avaient suivi ses errements de costume et n'en paraissaient pas plus troublées.

Le soir quand nous rentrions dans les faubourgs de Bône, vers la Boutjima, sur les hauts minarets, au sommet des cheminées se tenaient, impassibles, des groupes de cigognes, une patte repliée sous leurs ailes.

(1) Ce paquebot « *La Ville de Rome* » a péri, vers 1901, sur les récifs du golfe du Lion, près de la Camargue, par une nuit brumeuse d'hiver.

Notre maison, rue d'Armandy, était merveilleusement située. Une vaste terrasse, selon l'excellente coutume algérienne, en couronnait le faîte. Et cette terrasse surplombait à pic la mer qui sans cesse sous nos yeux s'étendait harmonieuse, chantante, berceuse, jusqu'à des horizons bleus sans fin. De loin en loin, par instant, pointait tantôt une sorte d'arbre, tantôt une sorte d'aile; c'était un mât, et puis une voile. Les paquebots passaient aussi au large et défilaient devant nos yeux émerveillés. Et toujours la mer si bleue, si caressante, embaumée par les algues, était là qui déferlait contre les falaises au sommet desquelles notre habitation était bâtie.

Ce fut sur cette terrasse, par une de ces admirables nuits algériennes, en face de la mer chantant une sérénade suave à la ville qui s'endormait dans le recueillement d'un magnifique soir d'été, que mourait Clairette, une intelligente et vieille chienne, dont le renom et les exploits cynégétiques survécurent longtemps dans la mémoire des amis de mon père, tous nemrods fameux. L'art cynégétique était alors, en Algérie, dans l'âge d'or.

Nous quittâmes Bône dans les premiers jours de février 1884, ma sœur et moi, accompagnés du sympathique général Ritter, gouverneur de Bône, notre ami. Nous voguions sur le transatlantique la *Ville de Barcelone*. Nous débarquâmes à Marseille le 4 février. Le lendemain nous étions à Toulouse où nous attendaient notre mère et nos deux frères qui nous avaient précédé. Mon père restait en Algérie, à Batna.

J'avais 8 ans. Je fus mis en pension au Caousou, le grand établissement scolaire de Toulouse ; j'entrais en 8e. Nous avions pour modeste professeur un humble frère que nous avions surnommé le frère *Casquette*. Il était très pauvre, mais son plaisir était de nous mener au gymnase, et là d'y cacher des sous et de nous les faire chercher. Quand nous les avions trouvés, il nous achetait des cerises et des fruits de diverses espèces.

AX-LES-THERMES (Ariège).

Aux vacances, j'allai à Ax, berceau de ma famille. Il y avait là ma grand'mère, nos deux oncles les botanistes. La vue des montagnes, leur masse énorme, écrasante, tout cela m'impressionna. Je demandai qu'on m'y laissât. On accéda à mon désir et je restai trois ans à Ax, jusqu'en 1887. Je commençai alors mes premières excursions ; je fis mes premières campagnes dans ces montagnes d'Ax, j'y contractai mes premières amitiés, elles durent encore.

La première excursion que je fis (avec mon oncle l'abbé Marcailhou-d'Aymeric) fut une excursion dans le massif des Tabes de l'Hers. Par Sorgeat, nous gagnâmes les Gouttines ; puis, par le Drazet, nous arrivâmes aux cols de Peyreblanque, de Rieufort, des Canons. Puis, nous descendîmes dans le versant du Riou-Caou et repassâmes par Sorgeat. J'avais environ 10 ans. C'était vers 1886.

Je quittai Ax et rentrai à Toulouse où tour à tour je fis mes études à l'Esquile, au Caousou de nouveau, puis ma philosophie au Lycée. A 16 ans, je fus bachelier de rhétorique ; à 17 ans, de philosophie et ès-sciences à la fois. A 18 ans, j'étais étudiant en médecine à Toulouse.

Nous passions des vacances admirables. Je les partageais entre :

1° *Ax-les-Thermes* où j'étais tout à la joie profonde des magnifiques et inoubliables excursions et ascensions. Le récit de quelques-unes de ces admirables pérégrinations en montagnes est relaté dans mon récent ouvrage les *Pyrénées et l'Ariège*, un volume in-8° de 225 pages, ouvrage agrémenté de quatre cartes panoramiques et d'un plan de la célèbre grotte de Lombrives.

LE QUERCY ET TOUFFAILLES (Tarn-et-Garonne).

2° *Touffailles*, dans le Tarn-et-Garonne, où habitait ma sœur, mariée au notaire de cette région, M. Saint-Sernin-Chanut.

Il y avait là une maison d'habitation, sorte de château avec tourelle très agréable. Une terrasse s'étendait devant la maison, entourée d'un joli parc d'hiver avec pelouses, ifs, thuyas, cèdres, etc. Une petite rivière, aux bords plantés de roseaux, traversait le parc et un gracieux pont rustique avait été jeté sur le cours d'eau. La maison faisait face au village, bâti en amphithéâtre, de l'autre côté de la route et couronné par son vieux château fort, aujourd'hui en ruines. On y visitait, non sans un frisson, les oubliettes scellées d'anneaux de fer, les caves et souterrains dont il restait de vastes arceaux.

Touffailles est en plein Quercy, cette terre des chênes *(quercus)*. Très curieuse contrée. Terrain crayeux et blanchâtre, étrangement tourmenté. Les collines étaient tailladées de profonds vallons pierreux et secs, invariablement secs. Les plaines — paradoxe géographique — étaient non dans les vallées, mais tout au contraire au sommet des collines. Les routes serpentaient au fond des vallées et gagnaient rapidement ces vastes plateaux aux épaules des collines et là on courrait des heures entières longeant les cîmes avec sous les yeux des horizons poudreux à perte de vue. Et à droite, à gauche, ces étranges vallons tourmentés, tordus qui allaient gagner les vallées de la Séoune.

La Séoune était la longue et gracieuse *rivière* du pays. Une eau très claire, très fraîche, profonde, retenue de moulins en moulins et formant autant de bassins où s'épanouissait une véritable prairie de nénuphars et de joncs. Le moulin était la curiosité de la vallée et la chose courue, le centre de la distraction. On y allait pêcher principalement les écrevisses. Même les poissons : les tendres goujons, les gros cabots aux écailles d'argent les caps-mouliniers à la grosse tête (les fortes têtes de la gent piscienne), les petites ablettes, les vairons, bons en friture.

Chaque moulin avait sa physionomie propre. La Séoune était une rivière bien spéciale à chacun d'eux. Les bassins différaient. Ici, un vaste bassin avec une digue. Là, un autre bassin, plus modeste, avec tel ou tel arbre ombrageant ses bords.

Quelquefois, on levait les vannes des digues et on mettait la rivière à sec, on prenait alors des quantités énormes de poissons. Ce qui nous étonnait le plus, c'était de voir la grande quantité de serpents (toutes les variétés de serpents d'eau) se trouvant dans la rivière. Les meuniers les prenaient à pleine main et les écrasaient contre terre.

De temps à autre, nous prenions des bains dans les coudes profonds les « *dormants* » que dessinait la jolie et claire rivière. Mais la présence de ces nombreux serpents tempérait l'ardeur de notre joie. Et les écrevisses nombreuses glissaient à reculons le long des bords, près de la berge.

Tous ces moulins eussent fait la joie des peintres paysagistes tels que le Lorrain et surtout des Hollandais : Ruysdaël, etc. Ils étaient autant de tableaux exquis.

Quelquefois, rarement, on pêchait l'écrevisse à la chandelle et le poisson à la fourchette. Au crépuscule, on commençait à mettre la rivière à sec. Puis, dès que l'ombre devenait profonde, lentement, à petit pas, on s'avançait et on faisait main basse sur tout ce monde endormi. Les oiseaux même s'y laissaient prendre. Confiants dans la protection habituelle de la rivière on les « cueillait » endormis la tête sous l'aile. On les mettait ensuite en cage ou on leur donnait la liberté. Ajoutez à cela la tiédeur des soirs d'été, la tranquillité solennelle de la nuit, illuminée par la lune, la fraîcheur de l'herbe des prairies que l'on foulait aux pieds ; la senteur des algues se penchant sur le lit de l'eau, le parfum des berges, la chanson de la saison d'or, avec la sérénade des cigales, la brise qui se levait, et vous vous sentiez environnés par une atmosphère où vous trouviez quelques heures de bonheur.

Le point culminant du pays. — Les Tuques de Saint-Gervais se trouvaient à quelque pas à peine de Touffailles. Que de fois je partais au soleil couchant pour aller admirer ses splendeurs. Le panorama était à perte de vue vers le Gers, tout là-bas dans ce bleu festonné de collines, ou vers le Lot-et-Garonne, vers Villeneuve-sur-Lot.

J'aimais par dessus toute chose la liberté. Et pour la conquérir, je ne craignais pas d'effectuer des quarantaines de kilomètres à pied dans les sites les plus pittoresques et dont le Quercy d'ailleurs abonde. J'avais ainsi une journée bien à moi et j'étais mon seul maître. J'avais, à cette époque 14 ans environ.

Un jour je partis à 4 heures du matin dans les premiers jours de septembre. J'avais choisi une délicieuse matinée. Selon mon habitude je gravis immédiatement les hauteurs, c'était les Tuques de Saint-Gervais. J'y arrivai avec le soleil levant qui commençait à poser des rayons, sur les têtes blondes des collines. Je circonscrivis un immense tour d'horizon. Je passai, une fois la profonde et verdoyante vallée de la Séoune franchie, au lointain et culminant village de Bouloc. Bientôt après, par des bois de chataigniers et de chênes, j'atteignis la vallée reculée de la Barguelonne. A midi j'arrivais à Lauzerte, curieuse ville perchée en pain de sucre et dominant la vallée. De là, en suivant les bords de la rivière, je gagnai Montcuq (1) dans le Lot ; je montai à sa vieille tour en ruines et, revenant

(1) Montcuq, chef-lieu du canton du Lot, est renommé par la naïveté de la belle hôtesse qui, à la demande d'un notaire, de passage dans le pays et s'enquérant du pittoresque, lui répondit : « Mon Dieu, Monsieur, Montcuq est un sale trou. — Mais les environs en sont charmants. »

dans une direction primitive, mais plus en amont, je regagnai la haute vallée de la Séoune au Moulin-Bessou. A 6 h. 1/2, je passai au village de Belmontet. Tout était recueilli dans le Val, embaumé par les arômes frais des prairies. La nuit tombait lentement du haut des collines. La Séoune murmurait paresseusement sa chanson. Tout commençait à s'endormir dans la paix sereine du soir. Les fumées des hameaux se montraient discrètes, révélatrices des réunions des maisonnées, du repos après le travail. Alors, j'entendis une voix humble, triste et cependant consolante qui, doucement, s'élevait, portant sa plainte ou son espoir à travers le Val. C'était la cloche de ce modeste village, dont je ne distinguais plus aux dernières lueurs du jour, que la flèche hardie du clocher. Cette plainte, cet espoir, c'était la prière, l'Angelus du soir montait vers le ciel. Puis la nuit devint plus profonde ; je finis enfin par arriver à Touffailles à 9 heures du soir. J'avais quitté le village le matin à 4 heures et avais effectué à pied, dans la journée, une quarantaine de kilomètres.

Dans mes yeux je rapportai des souvenirs ineffaçables et au cœur j'éprouvai une impression profonde, douce et pourtant puissante, puisée au sein de la nature. Ce sont ces souvenirs et cette impression que ma mémoire fidèle vient, après plus de quinze ans, de me rappeler.

Nous allions régulièrement passer le mois de septembre à Touffailles, chaque année, de 1887 à 1906, soit pendant neuf ans.

SAINT-GENEST-DE-CONTEST (Tarn).

3° Saint-Genest-de-Contest (Tarn), à la Bézaurié chez ma belle-sœur (Madeleine). La Bézaurié est bâtie au-dessus de la ligne de chemin de fer d'Albi à Castres et non loin de la jolie rivière du Dadou. De la Bézaurié je fis :

1° L'excursion au pic de Mouffe. Pour m'y rendre, je passai par :

1° Réalmont, chef-lieu de canton.

2° Les mines de Laffenasse où je descendis à 200 mètres de profondeur sous terre.

3° les défilés très boisés du Haut-Dadou.

4° le haut village d'Arifat, bâti presque à la cime du pic de Mouffe lui-même. Au sommet du pic, où je parvins à midi, j'eus un vaste panorama. J'apercus dans le lointain, point blanchâtre au milieu des lignes festonnées de collines bleues, la maison de ma belle-sœur, d'où j'étais parti le matin même, à l'aube. Un essaim de fourmis rouges avait conquis le front du pic et vint nous déloger. Je trouvai, au sommet, un vieux berger répondant au nom pittoresque de *Tsan Aouquo* (Jean l'Oie).

5° L'excursion de Castres à Roquecourbe par Burlats et les gorges de l'Agoût avec visite du Rocher Tremblant.

6° L'excursion, toujours à pied, d'Albi à Ambialet par Saint-Juéry, le Saut-du-Sabot, les bords du Tarn, par une journée exceptionnellement chaude, vers le 15 août. J'allai à Saint-Genest-de-Contest (Tarn) à la fin septembre de 1894 à 1893.

LE LAURAGAIS — POURQUERY

4° A Pourquéry, la propriété maternelle, dans le Lauragais, près de Montesquieu-sur-le-Canal (Haute-Garonne). Nous y allions passer les premiers jours d'octobre. L'après-midi, nous allions pêcher au canal du Midi où nous prenions carpes, perches, tanches. La principale distraction de cette campagne était la fameuse pêche nocturne à la *traîne,* sur le canal. La traîne est une sorte d'immense filet qui tient une grande partie de la largeur du canal. Un homme tient une extrémité du grand filet sur l'une des berges du canal, un second tient l'autre extrémité sur la berge opposée. Enfin un troisième pêcheur tient le « rossignol ». On choisit une belle nuit éclairée par la lune. On dispose le filet et, silencieusement, on marche le long du bord de l'eau. Un poisson vient-il à heurter le grand filet, vite la secousse est communiquée au rossignol. Immédiatement on entend le cri consacré et si attendu : « A bas ! ». Le filet est amené sur la berge et, le plus souvent, de belles carpes, de superbes anguilles sont emprisonnées dans les mailles.

Les spectateurs de la pêche à la traîne passent à ce sport deux à trois heures exquises. Le chemin de halage brille blanc sous la clarté lunaire. Les herbes fraîches du bord du canal sont étoilées de mille vers luisants. L'oreille perçoit le léger clapotis de l'eau. Le cou-cou fait entendre sa voix ironique et le chat-huant ses miaulements répétés. Non loin passent les trains de nuit à la locomotive lançant des flammes emportant les voyageurs endormis de Toulouse à Cette et inversement.

BORDEAUX

En 1896, je quittai Toulouse, où j'étais étudiant, pour aller à Bordeaux continuer ma médecine. Je visitai Royan, Arcachon. Je fis une excursion à pied avec un de mes amis, élève de l'école de Médecine Navale au Bec-d'Ambez (confluent de la Garonne et de la Dordogne). Nous traversâmes, à la voile, la puissante rivière de la Dordogne devant Bourg, puis allâmes, par les hauteurs, à Saint-André-de-Cubzac, où nous admirâmes le fameux pont suspendu long de 1,500 mètres, sur la Dordogne, et où nous prîmes le train pour Bordeaux.

En 1897, je fus reçu à l'examen d'anatomie avec mention bien au pratique et mention bien à l'oral. (Examinateur : professeur Demons.) Je fus aussi admis, après concours, à l'École de Service de Santé militaire de Lyon.

J'allai passer dix jours à Arcachon chez une famille amie, en octobre. Le matin, à 5 heures, je partais en barque sur le bassin d'Arcachon et l'Océan. Nous visitions, sur notre passage, les parcs à huîtres ; je passais la journée entière à l'Océan sur la plage ou les dunes. Nous déjeunions en barque avec des huîtres, du poulet froid, des *rillettes* de Tours, etc. Je visitai aussi le lac de Cazaux (avec mon oncle l'abbé Alexandre). Vaste nappe d'eau de 7,000 hectares, la moitié du bassin d'Arcachon, entourée des monotones forêts de pins.

Le 1er novembre 1897, je partais de Bordeaux pour Lyon, où j'allais passer quatre ans en qualité d'élève de l'École du Service de Santé militaire.

GRENOBLE. — LA GRANDE CHARTREUSE

En 1898, en mai, je visitai Grenoble, jolie ville, très propre, encaissée au fond de la vallée de l'Isère. J'allai à la Mure avec le curieux chemin de fer, puis à la Grande-Chartreuse. J'y restai deux jours. J'ai assisté au fameux office nocturne de minuit des Chartreux. La route de Saint-Laurent-du-Pont à la Grande-Chartreuse par le pont Saint-Bruno (42 mètres de hauteur) et la route du Désert, le long du Guiers, est l'une des plus pittoresques du monde. Enfin, toujours à cette même période, juin 1898, j'allai de Grenoble à Turin.

TURIN. — LE MONT-CENIS

Il se tenait à ce moment-là, dans cette grande et belle ville, l'exposition. La route fut admirable. La voie, dans la vallée de l'Arc, passe de tunnels en tunnels, au pied de l'étroite vallée de la Maurienne écrasée entre les grandes Rousses et la Vannoise — Modane. — Le fameux tunnel du Mont-Cenis, Bardonnèche et les carabiniers italiens.

Quel spectacle inimaginable prodigieusement beau, quand, au sortir du tunnel du Mont-Cenis et de la cime des grandes Alpes, l'Italie vous apparaît· L'Italie ! cette terre privilégiée entre toutes est là, sous vos pieds, dévoilant à perte de vue l'immensité de ses champs renommés par leur fécondité ; champs de blé, champs d'orge, d'avoine, etc. Et le train marche à des allures vertigineuses, longeant le bord des manteaux de neige éternelle des Alpes, franchissant ponts sur ponts jetés sur la Doria-Riparia qui nous accompagnera jusqu'à Turin même.

Et les Alpes, puissantes, grandioses, touchant les nues, sont là. Le pic altier de Roca-Bruna, avec sa silhouette en pain de sucre, sa tête encapuchonnée de glaciers, ses hanches étoffées de forêts de sapins, le flanc ruisselant de cascades.

Un frisson puissant vous étreint quand laissant du wagon errer votre vue sur l'immense plaine qui s'étend devant vous, vous apercevez l'immense serpent argenté étincelant au soleil (le fleuve du Pô) sur lequel est posé une énorme tache blonde. C'est Turin que nous apercevons à plus de 50 kilomètres. Et dans l'extrême lointain apparaît encore une autre tache : Milan. Quelles impressions formidables évoquent ces visions !

J'arrivai à Turin vers 3 heures du soir. C'était le 12 juin 1898. Il faisait une merveilleuse journée, mais extrêmement chaude. Je remarquai la belle gare en brique rouge. Puis, dès la gare franchie, je me trouvai au centre du magnifique corso Vittero-Emmanuelle, artère centrale de Turin. Turin, la ville rouge, la ville en damier à rues coupées à angle droit. Très beaux cafés ; à chacun d'eux, un admirable orchestre interprêtant *El Trovatore*, la *Traviata*, etc.

Le hasard me conduisit au corso Vinzaglia, où je logeai. A la chute de la chaleur, vers 5 heures, j'allai me promener sur le cours Victor-Emmanuel. Là, les plus belles filles du Piémont défilaient avec leur joli costume aux nuances vives, nu-tête et légèrement décolletées.

Après dîner, j'allai visiter l'exposition, installée le long du Pô, près du pont, au-dessous de la Superga. J'y remarquai surtout un superbe bassin habité par tout un peuple de statues imitées de l'antique; baigneuse; nymphes ; faunes ; etc.

Je restai deux jours à Turin. Je repartis pour Grenoble d'où je gagnais rapidement Lyon.

L'ALGÉRIE. — BLIDAH

La même année 1898, j'allai passer un mois à Ax, puis je partis à Blidah (Algérie), où je terminai mes vacances chez mon oncle Clément, docteur dans cette ville.

Je m'embarquai à Marseille, sur l'*Eugène-Péreire*, avec mon oncle. A Blidah, j'ai visité les fameuses gorges de la Chiffa, le ruisseau des Singes, Médéah, Berrouaghia. A Berrouaghia, je vis arriver, du désert et du M'Zab, une caravane de cinquante chameaux, chargés de riches marchandises, escortée par des arabes du Sahara. Ce qui me surprit fut la portée du regard de ces intelligents animaux. Ils marchaient droit devant eux,et défilèrent devant nous, impassibles, sondant l'extrême horizon du regard, cherchant l'oasis, cherchant l'eau.

Je visitai aussi Koléah et son jardin des Zouaves. Je vis l'Oued-Djer et le Mazafran.

En 1899, j'allai passer un mois à Ax.

En 1901, je quittai Lyon et allai passer mes vacances à Blidah. Je visitai Affreville, sur le Chéliff, Cherchell, joli port de mer, Marengo.

Blidah, jolie ville, la perle de la Mitidja. Un poète arabe disait : Blidah, on te nomme une petite ville et moi je t'appelle une petite rose. En effet, les roses et les orangers constituent la bordure de Blidah. Blidah est un nid caché au milieu des roses et des orangers. L'air est déjà embaumé de senteurs exquises à plusieurs kilomètres. Les filles de Blidah sont renommées par leur beauté. Blidah, de plus, est à l'union des gorges de la montagne et de la plaine. La montagne immédiate (l'Atlas) y est même plus élevée qu'à Ax (pic d'Ab-del-Kader, 1,600 mètres d'altitude, au-dessus des gorges de l'Oued-el-Kébir).

J'habitai ensuite un mois et demi Alger. Puis, je m'embarquai pour la France, pour Port-Vendres, sur le *Rhône*, un touache.

Je visitai Perpignan où je couchais, Narbonne, Carcassonne (la Cité). J'arrivai à Toulouse chez mes parents. C'était en fin novembre.

J'allai passer quinze jours à Paris.

LE BERRY. — BAUGY (Cher).

Enfin, le 3 janvier 1902, je m'installais comme docteur-médecin dans le Cher, à Baugy, non loin de Bourges, où un poste était vacant. Le Berry, pays monotone aux vastes plateaux, aux larges horizons. Pays agricole, commencement des mers de blé. Pays des forêts, traversées par les grandes routes. Les gens y sont doux, polis, avenants. La diction et la prononciation y sont parfaites. Mais le masque de la physionomie est immobile. On dirait des statues de cire. Le jeu de physionomie si intense dans le Midi, n'éclaire pas leurs traits.

Je restai deux ans et demi dans le Berry. J'y fis mes premiers vingt-huit jours en qualité de médecin aide-major de réserve (au stérile Camp d'Avord).

Je me mariai à Toulouse, le 1er juin 1903, avec Mlle Marie-Louise Barthez, fille d'un grand industriel toulousain. Le 1er avril 1904, naissait, à Toulouse, mon premier né : Guy. Je quittai le Berry, en mai 1904, pour me rapprocher de Toulouse, de mes beaux parents et parents.

Le 25 octobre 1905, naissait, à Toulouse, mon second enfant : Odette.

Je m'installai à Lézat-sur-Lèze (Ariège). le 1er juin 1904.

J'y séjournai deux ans. Je quittai Lézat, pour venir à Toulouse, m'installer et recueillir la succession médicale de mon père.

En août 1906, après une période de 28 jours, au 18e d'Artillerie à Toulouse, j'allai villégiaturer à Biarritz, Pau, Lourdes, Cauterets.

Toulouse, ce 24 octobre 1906.

Docteur A. MARCAILHOU-D'AYMERIC, fils.

TABLEAU GÉNÉALOGIQUE

DE LA FAMILLE

MARCAILHOU-D'AYMERIC d'Ax-les-Thermes (Ariège),

DRESSÉ PAR LE DOCTEUR ALPHONSE MARCAILHOU-D'AYMERIC FILS, DE TOULOUSE (1906).

Les ANCÊTRES immédiatement antérieurs à PIERRE MARCAILHOU habitèrent le château historique et le haut village de LORDAT (Ariège). Ils habitèrent ensuite le château d'URS. PIERRE du château d'URS, après son mariage avec FRANÇOISE DE PRÉTIANE, d'Ax, se fixa dans cette dernière ville. Il devint ainsi le grand chef de la branche d'Ax.

Première génération.

PIERRE MARCAILHOU (1676-1733) originaire d'URS; épouse le 26 juin en 1698 FRANÇOISE DE PRÉTIANE (d'Ax) dernière fille de cette famille qui a possédé plusieurs consuls de la ville d'Ax. La famille de PRÉTIANE s'éteint donc dans PIERRE MARCAILHOU. Pierre meurt à Ax, à 57 ans. FRANÇOISE DE PRÉTIANE meurt à Ax, le 11 avril 1737. Ils ont eu 4 enfants.

Deuxième génération.

1. PAULE DE MARCAILHOU, épouse BERTR. DE PRADAL. (1700-1756).
2. JEAN-PIERRE I, négociant, consul d'Ax; épouse GUILLEMETTE FERRIDI, morte à 52 ans. Il meurt à [illegible] ans. Il laisse 8 enfants (1706-17[illegible]).
3. JEAN-ANTOINE I (ou père) MARCAILHOU-D'AYMERIC (1710-1756), épouse SUZANNE D'AYMERIC, fille de JEAN D'AYMERIC et de MARIE DE SARDA. Il est [illegible] contrôleur des finances et plusieurs fois consul d'Ax. 7 enfants. Suzanne meurt à [illegible] 1/2 (1747). Son mari épouse (en deuxième noce), JEANNE VERNIOLLE, qui ne lui donne pas d'enfant. Il meurt à 45 ans (1756).
4. JEAN-FRANÇOIS I, célibataire, mort à 45 ans, (1716-1763).

Troisième génération.

[illegible] VIGNAL, née en 1736. — [illegible] SAINT-ANDRÉ, [illegible] de Tarascon. 9 enfants. JEAN-ANTOINE, mon troisième aïeul, mourut à 53 ans (1789), frappé d'une attaque d'apoplexie sur le Coulonbret d'Ax, à 3 heures du soir. Sa femme mourut à Ax, en 1818, à 91 ans, mère de 9 enfants. — [illegible] né en 1737. — [illegible] couvent [illegible] près [illegible] (Haute-Garonne). Il émigra en Espagne en 1792 et y mourut quelques années après à 67 ans (1738-1805). — [illegible] pendant la Révolution. Peut-être le chef d'une branche MARCAILHOU-D'AYMERIC espagnole. (Renseignements obscurs) (né en 1739). — [illegible] (1740-177[illegible]). — [illegible] de famille en 1806, à 65 ans (1741-1806). — [illegible] de Toulouse, morte au couvent des bénédictines de Toulouse, en 1826, à 80 ans (1746-1826).

Quatrième génération.

1. AUGUSTIN (1767-1848), chef de famille, mort en 1848, aux Cabannes (Ariège) à 80 ans. Professeur doctrinaire de rhétorique à 20 ans, au Collège Royal de l'Esquille, à Toulouse. Régent de latin et publiciste (2 ouvrages didactiques). Receveur principal des droits réunis. Il émigra en Espagne, à Barcelone de 1791 à 1800. A son retour d'Espagne, il épousa ROSE ASTRIÉ DU CASTELET, (fille aînée de PIERRE, millionnaire et père de 27 enfants). 7 enfants. Rose mourut à Ax, à 36 ans ! (7 septembre 1818), 5 mois après sa belle-mère MARIE-THÉRÈSE SAINT-ANDRÉ DU CADET, morte à Ax, en mars 1818, âgée de 91 ans.
2. DOROTHÉE II, morte en bas âge, née en 1766.
3. VENANT, dit le Cavalier Ménuc, officier royal, capitaine des gardes du corps de Charles X, décoré de l'Ordre de Saint-Louis, émigra en Espagne (1770-1833); mort à Ax à 63 ans (1833).
4. JOSEPH, mort très jeune, né en 1771.
5. JULIE, morte à 32 ans en 1805, resta célibataire à Ax, auprès de sa mère (1773-1805).
6. AIMÉ I, volontaire en 1793, tué à 19 ans, dans la guerre d'Espagne (1793) (1774-1793).
7. TIBURCE (Valère-Maxime) 1° Volontaire à 16 ans. 2° Fit un grand voyage à la Véra-Cruz (Mexique) en 1802. 3° S'installa à Séville, où il passa la majeure partie de sa vie. Il y meurt, à 57 ans, célibataire (1777-1834).
8. THÉRÈSE II, morte peu de jours après sa naissance, en nourrice à Orlu, (né en 1779).
9. ÉTIENNE, né en 1780, émigré en Espagne. Renseignements obscurs. Que devint-il? Il était trop jeune pour émigrer en Espagne, à moins qu'il ne suivit un de ses frères. Il a dû probablement y mourir.

Cinquième génération.

1. AUGUSTE (1806-1872), pharmacien, adjoint au maire; Conseiller d'arrondissement pendant 20 ans, épouse CÉLINE RIVIÈRE d'Ax, âgée de 17 ans, (née à Ax, en 1815, 10 ans de moins que son mari) (6 enfants dont un mort-né). Auguste, mourut à 66 ans (1872). Céline, morte à Ax, à 77 ans (1892).
2. Docteur GATIEN (1807-1855) : 1° célèbre compositeur de musique. Auteur des valses classiques de *Indiana* et du *Torrent*. Présenté et Lettres de l'Impératrice et de la princesse Mathilde; 2° Docteur en médecine, à Léguevin (Haute-Garonne) près Pibrac pendant un an. Habita ensuite définitivement Paris et fréquenta, en qualité de compositeur, la cour de Napoléon III. Ami intime du physicien FOUCAULT et du sculpteur célèbre PRADIER mort célibataire à Paris, à l'âge de 48 ans le jour de Noël 1855, rue Jacob 5, inhumé au cimetière de Montparnasse, à Paris.
3. ZÉNOBIE I, épouse ALEXANDRE DURAN, juge de paix, à Ax, et poète : *la Vallée d'Orlu*; (9 enfants dont 5 garçons) mort en 1893 à 84 ans (1809-1893).
4. HIPPOLYTE I, prêtre et aumônier de l'école normale de Foix, vicaire de Mirepoix (Ariège), né en 1811; mort du choléra en 1855, (sept mois avant son frère GATIEN). Décédé à Ax, âgé de 44 ans (1811-1854).
5. JOSÉPHE, épouse BONNANS (PIERRE) des Cabannes, (10 enfants dont 6 garçons) décédée aux Cabannes en 1881 à 67 ans, (1814-1881).
6. GEORGETTE, épouse PAUL ROUZAUD, négociant d'Ax, (3 enfants) décédée à Ax en 1852, à 36 ans, (4me de la famille morte entre 30 et 36 ans, (1816-1852).
7. CLAIRE, (à vécu un *jour !*) 1818.

Sixième génération.

1. Dr ALPHONSE I (mon père), pharmacien-major de première classe, docteur en médecine, à Toulouse, chevalier de la Légion d'Honneur, né en 1834 (18 décembre), épousa en 1861 AMÉLIE PIQUEPÉ du château de Roquettes en Lauragais, (née en 36), 4 enfants. Il vient de mourir à Alexandrie (Égypte), le 22 mai 1906 (où il s'était rendu pour faire l'accouchement de sa nièce et pupille) (1834-1906) ; 71 ans 1/2 (mon père).
2. ZÉNOBIE II, sœur de Saint-Vincent-de-Paul, Supérieure de l'Hôtel-Dieu Saint-André de Bordeaux, Ex-supérieure de Genlis (Aisne) et de Douai (Nord) née en 1837.
3. ALEXANDRE I, prêtre, vicaire à Foix; curé à Miglos, aumônier du Saint-Nom de Jésus d'Ax, botaniste, publiciste, né en 1839; mort d'une attaque d'apoplexie à Ax le 7 août 1897, âgé de 58 ans (1839-1897).
4. Dr CLÉMENT, médecin-major de première classe (territoriale) docteur en médecine, Conseiller général de Blidah (Algérie). Chevalier de la Légion d'Honneur, officier de l'instruction publique, publiciste médical né en 1843, épouse LOUISE URBAIN, de Blidah en 1870, 3 enfants.
5. GEORGES I, (né prématurément à 7 mois 1/2) décédé le même jour (1845).
6. HIPPOLYTE II, 21 ans de moins qu'ALPHONSE I (son frère aîné), pharmacien de première classe à Ax-les-Thermes, botaniste, pyrénéiste, publiciste. Né en 1855 et épouse : 1re CATHERINE SICARDON (de Cazères-sur-Garonne), 4 enfants; morte à 36 ans, Ax; 2e HENRIETTE D'AUDIBERT DE LUSSAN, d'Auterive (Haute-Garonne), mariée en 1900, 2 enfants jumeaux, Henri et Sylviane : 1er Lit de CATHERINE (1889 mariage à 1899); 2e Lit de HENRIETTE.

Septième génération.

1. ANDRÉE, épouse SAINT-SERNIN-CHANUT, notaire à [illegible] (Tarn-et-Garonne), 3 filles (2 Jeanne, 1 Denise) née en 1863 (25 septembre) (ma sœur).
2. GASTON, chancelier de résidence au Cambodge, rédacteur au Ministère des Finances, Paris, né en 1865; mort à 30 ans, en 1894, épouse MARGUERITE BONNERY de Saint-Genest de Contest (Tarn), une enfant posthume (mon frère). (1865-1894).
3. ALEXANDRE II, notaire : 1° à Montaut (Gers) (près Auch), et 2° à Mirepoix (Ariège), né en 1866, épouse en 1899 GERMAINE FAURÉ, de Lavaur.
4. ALPHONSE II, docteur en médecine, médecin aide-major (réserve), publiciste, pyrénéiste, né en 1870 à Rennes (Ille-et-Vilaine) : 1° docteur médecin à Nançay (Cher); 2° à Lézat (Ariège) et 3° à Toulouse (Haute-Garonne), épouse le 1er juin 1905 MARIE-LOUISE BARTHEZ, de Toulouse, née en 1881 (en mariage 22 ans).

1. MARIE-LOUISE, née en 1871, épouse PIERRE LEGENDRE, professeur au Collège de Saint-Germain-en-Laye (Seine-et-Oise), 3 filles : 1 Yvonne, 2 Gabrielle, 3 Germaine; 1 Louis.
2. RENÉ, mort à un an.
3. AIMÉ II, né en 1874, ex-commis des affaires étrangères du Dahomey, facteur à la gare de Bedeau (Oran) et à Lamoricière (Oran), épouse en 1900, LÉONIE LACOURREYE, de Blidah, originaire d'Aramits (Basses-Pyrénées).

1. AUGUSTE II, 1891 mort à 5 mois.
2. AUGUSTE III, né en 1893.
3. MARIE-THÉRÈSE III, née en 1894.
4. GEORGES II, né à Ax en 1899, 8 jours avant la mort de sa mère Catherine.
5. HENRI, jumeau,
6. SYLVIANE, jumelle, nés à Ax, le 4 octobre 1900.

Huitième génération.

MARIE-JEANNE, née en 1894 (décembre) (enfant posthume), à Saint-Genest de Contest (Tarn).

SIMONE, née en 1900 à Montaut (Gers).

1. GUY, né le 18 mars 1906, à Toulouse (mon fils).
2. ODETTE, née le 25 octobre 1905, à Toulouse (ma fille).

1. SUZANNE III, née en 1901 à Blidah (Algérie).
2. PIERRE II, né à Blidah (Algérie), en 1903.

TABLEAU GÉNÉALOGIQUE DE LA FAMILLE MARCAILHOU-D'AYMERIC
Originaire d'Ax-les-Thermes (Ariège).
I, II, III, IV, V, VI, VII, VIII générations à partir de PIERRE Ier inclus.
DRESSÉ PAR LE DOCTEUR A. MARCAILHOU-D'AYMERIC Fils DE TOULOUSE
1906

www.ingramcontent.com/pod-product-compliance
Ingram Content Group UK Ltd.
Pitfield, Milton Keynes, MK11 3LW, UK
UKHW020951220726
13924UKWH00002B/620